「お金」と「すごい成果」の法則

億万長者に学ぶ
不安を減らして資産を増やす大切な教え

ブライアン・トレーシー
狩野綾子 訳

The 32 Unbreakable Laws of Money and Success:
Transform Your Life and Unlock Your Unlimited Potential

日本経済新聞出版

本書を、

最愛の妻バーバラに捧げます。

48年間、私の愛情の支柱であり、ソウルメイトであり、

4人の美しい子供たち、

クリスティーナ、マイケル、デビッド、キャサリンの

母親でもあるあなたのおかげで、

私は本当に幸せです。

目次——「お金」と「すごい成果」の法則

PART 2 実践的で実証された方法で収入を2倍、3倍にする

はじめに――思考を変えて、人生を変える

ドイツの文豪、ゲーテはこう言いました。

「自然は冗談というものを理解してくれない。自然は常に真実そのものであり、まじめで厳しく、そして常に正しい。失敗や過ちは常に人間のものである。自然は自然を理解することのできない人を軽蔑する。自然を理解できる人、誠実な人、純粋な人に身をまかせ、その秘密を打ち明けてくれる」

人類の歴史の中で、私たちが今生きている時代は生きるのに最高の時代と言っていいでしょう。より長生きし、より幸せになり、より多くのお金を稼ぎ、人生のあらゆる面ですごい成果を上げるのに、これ以上の機会と可能性に恵まれた時代はありません。

唯一、制約があるとすれば、あなたの思考や行動によってあなた自身が自分に課しているものだけです。

あなたの目標の数字は？

あなたが自分の金銭面つまり経済的な可能性を引き出すための最初のステップは、大きな決断をすることです。

生涯を通じて行う仕事で、あなたが達成したいと思う資産の大枠の額を決めてください。見えない目標は達成できませんから。

これから学んでいただきますが、「どれだけお金を蓄えたいかを決める」という簡単な決断をするだけで、それを達成できる可能性は5倍から10倍に膨らみます。

これは、自分を他人と比較するために使う純資産です。今の自分の価値を計算し、蓄えたい額に到達するまでにあとどれくらい必要かを決めるのです。この数字があなたの価値観の一部になるまで、常にこの数字のことを考えてください。

私は25歳のとき、お金持ちになるためには1000万ドル（約15億円、以下1ドル＝150円で換算。ただし2024年10月時点）の純資産が必要だということを『フォーチュン』誌の記事で知りました。大富豪になるには、3000万ドル（約45億円）以上が必要だということでした。

その1000万ドルというのが私の目標の数字になりました。私は、何もないところから始めて、最終的に億万長者、あるいはそれ以上の地位にたどり着いた人たちを研究し始めました。

可能な限り彼らと同じことを試み、毎年自分を彼らと照らし合わせました。そして、少しずつ進歩しました。後退もしました。数年かかりましたが、ついに億万長者になることができたのです。

この本では、自力ですごい成果を上げて億万長者になった人たちの行動について学びます。粘り強く続ければ、あなたも最終的に彼らと同じ結果が得られるでしょう。

最初の100万ドルを得るのは難しいですが、次の100万ドルは必然的についてくる、というよく知られた法則があります。

あなたが最初の100万ドルを稼ぐには、今とは違う人間にならなければなりません。平均よりもはるかに優れた勇気、粘り強さ、自分に厳しい自己規律の資質を培わなければなりません。でも、もし何らかの理由でお金をすべて失ったとしても、あなたはもう中身が億万長者ですから、最初の100万ドルを得た時間よりもはるかに速くお金を取り返すでしょう。あなたは億万長者のように考え、行動できるようになっているからです。

すごい成果と野心の力

数年前、ハーバード大学は「営業や起業で成功するために必要な最も大切な資質は何か」という研究を行いました。

彼らが導き出した答えは「野心」でした。

簡単に言えば、野心的な人は飢えています。彼らは成功、特に経済的なすごい成果に対して強い欲求を持っています。ほぼすべての成功者が持つこの燃えたぎる欲求は、すごい成果を呼び込むために必要かつ重要な要素です。

さらに、彼らは仮にそれがどんなに困難だろうと――とりわけ最初の頃は――成功できる、そして最終的には成功するだろうと信じているのです。

この本は、たとえどれだけ時間がかかろうと、すごい成果の代償を何度も払うことをいとわない、野心的でハングリーな人たちのために書かれたものです。

彼らは決して諦めません。

あなたがこれに当てはまる場合は、読み続けてください。

あなたはこれから人生最大の冒険に乗り出そうとしているのですから。

ほとんどの人は小さなことから始める

子どもの頃、私の家にはまったくお金がありませんでした。私たち家族の口癖は「それを買う余裕はない、余裕はない、余裕はない」でした。10歳の頃から、私はご近所でちょっとしたアルバイトをして家計を大きく支えました。

まず、芝刈りや草むしりから始めました。朝の5時には新聞配達をし、年齢が上がると、放課後の午後と夕方の時間帯にも働きました。

人生のかなり早い段階で、私は結果と報酬の間に直接的な関係があることを学びました。十分に長く、熱心に働く意欲を持ち続ければ、望むものは何でも手に入れることができることに気づいたのです。

14歳のとき、リヤカーを作るのを手伝ってくれました。私はそれを自転車の後ろに牽引《けんいん》し、ガソリン式の芝刈り機とエッジャー（芝生の縁を刈る道具）を載せて家から家へと回りました。当初、14歳の子どもには手に入れづらかったこれらの機材のおかげで、私は芝生を美しく整える仕事をこなし、その対価としてかなりの報酬を得ることができました。

15歳になる頃には、父親よりも多くの収入を得ていました。

この芝刈りの仕事が、私が「資本主義」の奇跡に初めて触れた機会となりました。「貯蓄主義」と呼んでもいいかもしれません。お金を貯めて、それを有形のもの（芝刈り機など）や無形のもの（追加の知識やスキルなど）に投資すると、収入を増やし、倍増させることだってできます。

私は、結局高校は卒業せずに中退しました。友達は卒業証書を受け取りましたが、私は在籍証明書を受領しました。初めてのきちんとした時給換算の仕事は、小さなホテルでの皿洗いでした。続いて駐車場で洗車をしました。その後、清掃員として床掃除をしました。自分の将来は清掃業にあるのではないかと思うようになりました。

私は職を転々としながら、食べていくため、また通勤に使う古い車にガソリンを入れるためにできることは何でもしました。チェーンソーを手に森の中で働いたり、工場や製材所の生産ラインで働いたり。農場で井戸を掘ったりもしました。車の中でも寝ました。常に飢えに苦しみ、給料日手前のギリギリの生活でした。

21歳のとき、私は船に乗る仕事を得て、世界を周る旅に出ました。8年間、主要な大陸を周り、80カ国以上を旅しました。ノルウェーの貨物船の船員として働き、航海が終わると陸に上がって仕事をしました。船員の仕事に就けなくなると、今度は農場の季節労働者としての仕事をこなしました。これは収穫期に雇われ、農家の納屋の干し草の上で寝るような仕事です。収穫が終わると、私はまた失業していました。

そのうち力仕事を見つけることができなくなり、私は事務用品を販売するためにオフィスからオフィスへと回り、歩合で報酬が得られる販売《セールス》の仕事に就きました。私は、小さな下宿に滞在しながら、委託販売から委託販売へと回る生活を送りました。

人生を変えるための最初の目標設定

ある日、私は人生を変える2つのことをしました。

まず、12カ月以内に達成したい10の目標を掲げたリストを書き出しました。雑誌で見つけたこの簡単な課題が私の人生を永遠に変えました。私は、1年ではなく1カ月以内に、10の目標をすべて達成しました（ご想像のとおり、私の目標の1つは、より多くのお金を稼ぐことでした）。

私は安い下宿で寝る生活から、家具を揃えたアパートに住む生活をおくるようになりました。そして、自分に実現可能だと思ったことのない額のお金を稼ぐようになっていました。

自分のスキルは何か？

人生を変えるために行った2つ目のことは、「もし自分に優れたスキルがあったとして、それができたら収入を増やすのに一番役立つものは何だろう」と自問することでした。

私の場合、それは契約を取りまとめること（クロージングセールス）だとわかりました。ドアをノックしたり、見知らぬ人に電話したりすることは怖くありませんでしたが、いざ営業のクロージングが近づき、顧客に購入の意思決定を求めるとなると、身動きが取れなくなってしまうのです。顧客に何て言えばいいのか、さっぱりわかりませんでした。

営業の練習不足を補うために、私は営業に関する本、とりわけ圧力や策略なしで見込み客に購入を促す方法を正確に綴った本をすべて買って読み漁りました。

学べば学ぶほど、練習すればするほど、営業マンとしての腕が上がっていきました。1年以内に収入が2倍になり、その後3倍になりました。私は2年以内に収入を10倍に増やし、十数人の委託営業担当者を採用し、私のもとでトレーニングしました。私は25歳になっていました。

私の最初の大発見——すべては理由があって起こる

私の最初の大きな画期的なアイデアはこうです。自分で設定した目標を達成するために必要な学びは、すべてできるということです。制限はほぼありません。場合によっては、現在のレパートリーに1つのスキルを加えるだけで、収入が倍になって人生が変わることだってあります。

ここで私にとって一番重要だったことは、自分の人生と将来は、完全に自分のコントロール下にあるということに気づけたということでした。

次に私がしたのは、高校を卒業しなかったということを補う作業でした。スタートは無知でも構わないのですが、これまでに発見された成功に関する最高のアイデアの数々に囲まれているのに、無知のままでいることは許されません。

ウィル・デュラントの『哲学夜話』(初版1926年、その後何度も重版された。邦訳は絶版)という本を買って読んだことを今でも覚えています。この本や他の類似の本が、私に教えをもたらし、より賢くしてくれると考えたのです。『哲学夜話』は、人類史上最も賢明で偉大な哲学者たちの最高の英知を要約したものです。私は、特に史上最も偉大な哲学者であるアリストテレスの教えを読みました。過去二千年の哲学は、すべてアリストテレスの補足にすぎないと言われています。

紀元前350年頃、アリストテレスは世界を永遠に変える原理を発見します。物事は偶然またはオリンポス山の神々の予測不能な行動によって起こるものだと信じられていた時代に、アリストテレスは異論を唱えるのです。

彼は、原因のない、説明できない出来事は存在しないと説きました。驚くべき偶然はないのだと。

「すべては理由があって起こるのだ」と主張したのです。

特定の目標を達成したい場合、あなたのすべきことは他の人がその目標を達成するために何をしたかを調べ、同じスキルを習得して同じ結果が得られるまでそれを何度も繰り返すことです。アリストテレスの「**因果の法則**」と呼ばれるこの法則は、おそらくこれまでに発見された法則の中で最も重要なものです。

その瞬間から、私は成功した人たち、つまり何もないところから始めて、特定のことを何度も繰り返して改善することによって、結果と貢献の価値を高め、より多くのお金を稼いだ人たちを研究しました。

お金が彼らを離れることは決してありません。彼らと同じことを何度も繰り返すうちに、私は次第に億万長者になっていきました。

めぐり合いを味方につける

プロの講演家およびビジネスセミナーのリーダーとして、私はこれらの原則を全米の、さらには世界中の人々に説き始め、これまでに84カ国、500万人以上に教えてきました。これらの原則を自分の生活や仕事に適用した結果、何千人もの教え子たちが億万長者になりました。

最近、ワシントンDCで開催された2500人ほどを集客した大規模な会議に出席したときのことです。見知らぬ人が私に気づき、近づいてきて「あなたは私の人生を変えた。私をお金持ちにしてくれた」と言いました。

実のところ、私は何年にもわたって同じ言葉を対面で、あるいはメールや手紙という形で、毎週、毎年、何度も耳にしてきました。

「あなたは私の人生を変えた。私をお金持ちにしてくれた」という言葉です。

私はいつものように彼に尋ねました。

「私の教えの中で、どれがあなたにとって役に立ちましたか」と。

彼はニコリと満面の笑みを浮かべて、私が何百回と聞いた同じ言葉を返してきました。

「目標を掲げることです。あなたの話を聞き、本を読むまでは、自分の目標を正確に知り、それに向かって毎日努力することがいかに大切なことであるか知りませんでした。このアイデア1つが、私の人生を変えてくれたのです」

この本では、1つのアイデアだけでなく、あなたの人生を永遠に変える一連の法則と原則について学びます。正しいやり方で目標を設定し、達成する方法は、学習するスキルの1つにすぎません。

これらの法則を一貫して繰り返し適用することで、あなたは自分の可能性にアクセルを踏み、想像よりもはるかに速く目標を達成する方法を学ぶことでしょう。

PART 1

経済的に成功するための思考力を養う

1

因果の法則――すべての出来事には理由がある

自然の法則を破って勝とうとしても、決して勝てません。

ここで質問です。

法則は、理論、原理、考え方といったものと何が違うのでしょう。

答えは、法則は、あらゆる状況下において、すべての人にとって**常に**真実であるという点です。

そこが法則と呼ばれる所以《ゆえん》です。法則以外のすべての思考というのは、思考する個人の性格や外部の状況に応じ、部分的に真実である場合もあれば、部分的に間違っている場合もあります。

しかし、法則は「重力の法則」のように不変なものです。

たとえば、重力の法則は、「物は**落下する**」というものですね。アイザック・

ニュートン卿は、樹の下に座っているときに、リンゴが樹から落ちるのを見てこの法則を発見したと言われています。彼は、「運動の3法則」の第1法則となるこの法則に気づいたのです。これが法則と呼ばれる理由は、誰にとっても、どんな状況下においても、常に真実であるからです。地球上にあるものは常に上に落ちるのではなく、**下に落ちます**。

多くの人は、不変で一定である法則のこの考え方に混乱します。彼らは、思うような結果を得たいがために、強く信じ、望み、願いさえすれば、行動の有無にかかわらず、自然の法則の力を一時的に止めて、望むものを手に入れることができると信じるのです。

つまり、彼らは物事が上に落ちるのを願います。しかし、先述したとおり、自然は中立です。もし自然が恣意《しい》的で予測不能なものであったとしたら、我々の世界や生活はずいぶん混沌としたものとなってしまうでしょう。

アリストテレスが示した最初の主要な法則は、「因果の法則」でした。旧約聖書と新約聖書は、これを**種まきと収穫の話、あるいは因果関係の観点**から探求しています。この法則は、起きることにはすべて理由があると説いています。

いくつもの類似の法則を生み出したこの法則は、あらゆる教え、哲学、科学、医学、物理学、そして人間が知るほぼすべての知識の源となるものです。成功と失敗、富と貧困、そしてあなたに起こるおよそすべてのことの理由を表す法則です。

アルベルト・アインシュタインが定義した「作用の法則」は、物、または人が動くまでは何も起こらないと説いています。あなたが行動を起こすまで、すなわち「何か」をするまで――多くの場合、それは今日行っていることとは違う事柄ですが――何も起こらないのです。「やるべきことをやればやるほど、得られるものは大きい」という古いことわざも聞いたことがおありでしょう。

私の友人マレク・ステルマスザクが次のようなことを言いました。

「あなたの人生における成功は、あなたが行う行動の度合いに比例します。結局のところ、どう行動するかを語るのではなく、どういった行動を取ったのか。そのことのみが重要なのです」

大きな成功を収めるためには、今すぐ実行に移す具体的な行動について、常に考える必要があります。成功者は皆、強烈な行動志向を持っています。うまくいかない場合は、繰り返しやってみるか、別の方法を試しましょう。シェイクスピアが書いたとおりです。

「怒涛の苦難に果敢に斬りかかり、戦って終止符を打つこと」

エクササイズ

次の質問に答えてください――今すぐに取り掛かり、うまくこなすことができたとして、あなたの人生において最も大きいプラスの影響をおよぼす仕事や活動は何ですか。

答えが何であれ、現在行っている作業を止めて、100パーセント完了するまでその1つの作業だけに集中してみましょう。

それだけが、あなたの人生を変えることができるのですから。

2

報酬の法則

――報酬は貢献度に見合って与えられる

「報酬の法則」は、あなたの貢献に対して、常にそれに見合う、あるいはそれ以上の報酬が得られると定めています。この法則は、個人の成功に関する最も大切な法則の1つです。物理学者ニュートンの「運動の3法則」によれば、すべての作用には、それと等しく反作用があるとされています。

人生にも同様のルールが存在します。主に仕事や人間関係において、自分が費やしたものはすべて返ってくるというのが「報酬の法則」です。常に、自分がつぎ込んだものと同等かそれ以上の対価を得ることができます。そして、自分がつぎ込むものはほぼ、自分でコントロールできるのです。

「報酬の法則」の第1の教えは、今日あなたが人生のあらゆる面で得ているものは、あなたの人生が今日どのように構成されているかによって決められているというものです。つまり、将来何か新しいことや違うことを望むなら、生活の仕方を変える必要があります。

たとえば、次のような簡単な方法で生活を組み立て直すことができるでしょう。仕事を1時間早く始めるのです。昼休みも仕事をし、1時間残業します。

このシンプルな方法によって、毎日3時間も生産性を上げる時間を作ることができます。そうすることによって、同僚と比べて、あなたの生産性と価値を2倍に上げることができます。

常に他人よりも多く作業をする方法を模索し続けることです。

しかし、追加で仕事をした分の報酬については考えてはいけません。あなたにとって大切な人たちはあなたを見ています。つぎ込んだものは、そのうち必ず返ってきますから。有名な起業家のジム・ローンが言ったとおりです。

「自分の才能を惜しみなく磨き続ければ、それが道を切り開いてくれるだろう」

「報酬の法則」の第2の教えは、種まきと収穫の原則です。

この法則は、あなたが種をまいたり、つぎ込んだりしたものは、多くの場合何十倍にもなっていずれ返ってくるという内容のものです。ただし、コントロールできるのは、**種まき**、つまりつぎ込む側のみです。報酬や対価、そこから得られるものは、自然の法則に則り、自動的についてきます。

有名な自己啓発本である『思考は現実化する』（きこ書房）の著者であるナポレオン・ヒルは、次のように述べています。

「常に給料以上の仕事をしなさい。余分に仕事をするのです。余分な仕事をするところは、混みあっていないのですから」

エクササイズ

「自分がより貢献するには今日、何をすればいいか」と常に問いかけてみてください。より多く、よりよく貢献できる機会を常に探しましょう。

3

コントロールの法則——人生を自分のものにできれば状況は好転する

「コントロールの法則」に従えば、あなたが自分で人生をコントロールできていると感じれば感じるほど、自分と自分の人生について前向きになれます。

「因果の法則」と隣り合わせのこの法則は、自分と自分の周囲に起きていることに対して**自己コントロールができている**と感じる度合いに応じて、自分と自分の人生に幸福を感じるというものです。コントロールするための具体的な方法は、明確な目標を設定し、それを書き留め、毎日それに取り組むことです。

そうすれば、あなたは驚くべき支配力を感じることができるでしょう。自分にとって重要なものに向かって一歩を踏み出す度に、自分の人生をコントロールできていると感じることができるはずです。

その結果、平均的な人よりはるかに多くのことを成し遂げるだけでなく、想像よりも速く目標を達成するでしょう。自分の人生を完全に支配できていると感じると、エネルギーが増し、明晰《めいせき》さが増すからです。

人生を通じ、あなたは常に意識的に、あるいは無意識の上で、自分の人生の大事なものは、自分でコントロールしようと努めています。どんな領域でも——とりわけ人間関係において——コントロールできないと感じたとき、それはストレスを引き起こします。多くの場合、何も考えられなくなるでしょう。自分がコントロールしているという自覚は、自分の力と幸福の鍵となるものです。

あなたが最も大切にしている価値観は？

ある午後、経営コンサルタントであり私のよき友人であるマーク・ウォルドマンが私のオフィスに顔を出したときのことです。今どんな仕事をしているのかと彼に尋ねると、現在力を入れているのは、自分の顧客に「今、人生で最も大切にしている価値観は何か」という質問を投げかけ、それにうまく答えられるよう手助けすることだ、と答えたのです。

彼は、クライアントたちとの会話のきっかけに、この質問を使っているようでした。

素晴らしい質問だと思いました。私は何年にもわたって「価値観の明確化の実践」を研究しており、幸せな人生を送るために価値観がいかに重要であるかを知っていました。この質問を、私の企業向けの戦略計画プログラムの中核に取り入れました。

人が最も関心を持ち、信じているものは何だと思いますか。

あるとき、私のオフィスで12人の経営者による会議があったので、私はこの質問を全員にぶつけてみました。テーブルの1人ひとりが順番に、答えたり互いの答えについて議論したりしました。この質問を深掘りし、答えを導き出すのに午後いっぱいかかりました。多くのことを学んだ有意義な時間でした。

あなたもぜひやってみてください。

あなたの人生で最も大切にしている価値観は何ですか。

あなたは答えられますか。

最も大切な価値観を心に決める

人生で最も大切な価値観――私の場合、「**自由**」であると心に決めました。これは私にとって他のどのような価値観よりも大切なものだということにあるとき気づかされたのです。

自分の価値観というものは常に自分の行動――特に**プレッシャーにさらされているとき**の行動――に表れるものです。だから、過去の自分の行動を振り返ると、何が自分にとって本当に大切なのかがわかります。

自分にとって最も大切な価値観と**調和して生きているとき**、あなたは心から幸せを感じるでしょう。自分の心の奥底にある**価値観や信念をねじ曲げられる**と、ストレスや不幸を感じるのです。だから、自分の最も大切な価値観に沿って生きることは、人生の大きな目的でもあるのです。

長年にわたり、私は自分自身のものであれ、他人のものであれ、自由を人間関係やビジネス活動の主軸に置くことができると、多くのストレスや不幸を軽減できることに気づきました。これができると、自分や家族の生活、そして個々の幸福の質を向上させるために、より多くの時間を費やすことができるようになるのです。

あなたの自由を制限していると感じる外的な要因は何でしょう。

やりたいことを何でもやるという自由——そこに立ちはだかる大きな壁となるものは、多くの場合、お金です。

エクササイズ

今の人生で最も大切な価値観を見つけましょう。

あなたは何を大切にしていますか。

どのようなものに、我慢がならないでしょうか。

あなたと共に過ごした経験に基づき、周りの人たちはあなたの価値観についてどのように考えているでしょうか。

4 責任の法則——困難に対して責任を持てば学びとなる

「責任の法則」において、あなたにはあなたの人生と、あなたの周りの状況への対応に責任があります。

アリストテレスは、**すべての人間の究極の目標は、幸福になること**だと説いています。幸せになることとは、人間が行動する上での一番の動機です。何をするにしても、幸福があなたの最終的な目標です。今より幸せになりたいと思って行動を起こすのです。問題は、あなたがどれだけ自分の幸せを手に入れることができるかということです。

「責任の法則」の第1の教えは、**不幸**の主な原因は否定的な感情にあるというものです。ネガティブな感情の根本または主な原因は、ほとんどの場合、何らかの**責任転嫁**です。外部のものに責任を押し付けるのをやめれば、ネガティブな感情はすぐになくすことができます。

したがって、あなたの人生の大きな目的は、自分に起こるすべてのことに責任を持ち、ネガティブな感情を取り除くことです。ネガティブな感情を、あらゆるポジティブな感情に置き換えて、なくしてしまいましょう。

ネガティブな感情は、ポジティブな感情に置き換えられるという「置換の法則」というものがあります。何らかの理由でネガティブな気持ちや怒りを感じたとき、ネガティブな感情を取り除く最も効果的な方法は、「自分に責任がある！」という魔法の言葉をすぐさま言うことです。

次に、知性と想像力を発揮して、なぜ自分がその状況で責任を負うのかを自分にも周りにも問いましょう。少なくとも、あなたは自分の対応に責任があるはずです。そして、心が落ち着いてきたら、「これからどうすべきか」を探るのです。

オーストリアの精神科医であるヴィクトール・フランクルは、名著『夜と霧』（みすず書房）の中で、「人間が持ち合わせる究極の自由は、外部の状況に関係なく、自らの考え方に基づき自らの態度を選択することである」と書いています。「責任の法則」の第2の教えは、「肯定の法則」に関連しています。「肯定の法則」とは、信念をもって自分に言い聞かせたことは、新しい指令となり、矛盾するそれ以前の考えを無効にする、というものです。あなたは、自分に言い聞かせ、信じるもので作られているのですから。

言葉選びは重要です。

たとえば、「問題《プロブレム》」という言葉はネガティブです。ストレスを生み、怒りや憂《ゆう》鬱《うつ》な気分になる言葉です。

代わりに、「問題」を「事態《シチュエーション》」と言い換えたらどうでしょう。

「これは興味深い事態だ」というふうに。

「事態」はあなたが対処するものです。

それはポジティブなものでもネガティブなものでもありません。「挑戦《チャレンジ》」という言葉は、よりよいかもしれません。挑戦は、あなたを何らかの形で奮い立たせ、ベストな状況をもたらしてくれます。

「事態」を自分の思いのままに転換する最高の言葉は「機会《オポチュニティ》」です。

「これは面白い機会だね」というように。

「機会」は、利用し、探し求めるものです。実際、困難や挫折の多くを潜在的な

「機会」として捉えることができると、成功と富をもたらす画期的な出来事へと変貌します。ほぼすべての問題や困難の裏に、同等、あるいはそれ以上の機会や利益の種が潜んでいるといっても過言ではないでしょう。

あなたはそれを見つけるべきです。

「責任の法則」の第3の教えは、ほとんどすべてのネガティブな感情は、自分の人生で悲しませる何かが、誰かまたは何かのせいであると**責任転嫁する癖**から生じるものだと気づくことです。人間の心理の奇跡の1つに、責任を受け入れるとすぐさま、他人を責めることをやめ、同時にすべてのネガティブな感情をなくすことができるというものがあります。

ゆえに、ポジティブな人間になるために使える最も強力で前向きな言葉は、「自分に責任がある」ということを忘れないでください。

自分の思考に責任を持とう

あなたが責任を受け入れ、責任転嫁をやめた瞬間、あなたのネガティブな感情は即座になくなり、ポジティブな感情に置き換えられます。

科学の分野では、自然は真空空間を嫌うことが解明されています。あなたの心も、ネガティブな考えをポジティブな考えに置き換えないままずっといると、ネガティブな経験について絶え間なく考え続けることになるでしょう。責任転嫁に基づいたネガティブな感情をなくし、責任を受け入れることに基づいたポジティブな感情にそれを置き換えた瞬間、ネガティブな感情はなくなるはずです。

自分の考えや感情を完全にコントロールするための魔法の言葉は、何度でも言います。

「自分に責任がある！　自分に責任がある！　自分に責任がある！」です。

「責任の法則」の第4の教えは、「受け入れの法則」に関するものです。変えることができないことに対して、動揺したり、悲嘆に暮れたりしないでください。過去に起きたことは変えられません。今この瞬間から、自分の過去の間違いや挫折を振り返るときは、より成功するのに役立つ貴重な教訓としてそれらを捉えましょう。あとは流すことです。

「責任の法則」の第5の教えは、**許し**に関するものです。もし誰かがあなたを傷つけるために何かをしたとしたら、今日この瞬間惜しげなく許し、忘れましょう。過去に起きたことです。変えることはできません。流しましょう。

多くの心理学者、精神科医、そしてカウンセラーたちは、人の過去の出来事を――多くの場合は子ども時代にまで遡って――受け入れる手助けをすることにほとんどの時間を費やします。あまりに多くの人が、遠い昔に起こった変えることのできない出来事について、今でも怒っていたり落ち込んでいたりします。解決策はほとんどの場合、それを手放す強さと勇気を持つこと以外ありません。

アメリカの有名なジョージ・S・パットン将軍はかつて「同じ不動産に二度お金を払うのは好まない」と語りました。

人生で、変えることのできない過去の出来事に不満を持ち続けると、その同じ不幸な出来事を何度も何度も繰り返すことになります。

代わりに、想像力を駆使して、起こったことの少なくとも一部分は自分に責任があるかもしれないと考えを変えてみてください。自分に厳しくなるのです。その上で、受け流しましょう。

エクササイズ

今日から、人生のあらゆる挫折や困難に対して、「自分に責任がある」という魔法の言葉を唱えましょう。

あなたの素晴らしい頭脳を使って自分に責任がある理由を見つけ、将来役に立つ可能性のある挫折や困難から学べる教訓を見つけてください。

5

経済的自立の法則——お金を増やすと決意した人が裕福になる

「経済的自立」の法則は単純です。お金は自由のために不可欠です。私のセミナーの参加者の1人がかつて私にこう言ったことがありました。

「お金は食べ物のようなものだ。十分にあればお金のことを考えないが、足りないと他のことは考えられなくなる」

あなたの人生の大きな目標の1つは、経済的自立であるべきです。**自由**を手に入れるための鍵は、二度とお金の心配をしなくていいように十分なお金を持つことです。

いい知らせは、現代は経済的自立がかつてないほど簡単に達成できるという点です。我々は富と機会に囲まれていますから。あなたの目標は、多くの人が「人類の黄金時代」と呼び始めているこの時代に全面的に参加することです。

我々は太っ腹な世界に住んでいます。本当に手に入れたいと思うなら、あらゆるものを手に入れられる機会に恵まれています。お金をたくさん稼ぐか、あるいは少しで構わないかというあなたの経済観念が、お金持ちになるかどうかに大きな影響力を持つでしょう。

経済的自立への鍵の1つは、人が欲しがり、必要とし、喜んでお金を支払う商品やサービスを提供する機会を常に探し続けることです。お金持ちへの道を歩み始めるために必要なのは、よいアイデア1つだけでいいのです。

「経済的自立の法則」の第1の教えは、人が裕福になるのは、裕福になろうと心に決めるからである、というものです。

裕福になるのは、自分にはそうできる能力があると信じているからです。それを完全に信じているから、それに応じて行動するのです。彼らは、自分の信念を実現させることを一貫して行います。そして**決して諦めません**。

「経済的自立の法則」の第2の教えは、人が貧しいのは、まだお金持ちになろうと心に決めていないからである、というものです。

イギリスの批評家マーク・フィッシャーの著書『成功の掟――若きミリオネア

物語』（日本能率協会マネジメントセンター）の中で、億万長者になるためのアドバイスを求めてきた青年に、年老いた億万長者がこう尋ねる場面があります。

「なぜ、未《いま》だに裕福ではないのかね」

これは自問すべき重要な問いかけです。この問いかけの返答は、あなた自身についての多くのことを語ってくれるでしょう。その返答は、あなたの**自己限定的な思い込み**《ビリーフ》、疑い、恐れ、言い訳、理由付け、そして正当化を浮き彫りにするからです。

なぜ、あなたはすでに裕福ではないのか。

考えられる理由をすべて書き留めてください。あなたをよく知る人と答えを1つずつ確認し、彼らの意見も尋ねましょう。挙げた理由のほとんどが、自分がすっかり慣れ親しんでしまっている「言い訳」であることに気づき、驚くでしょう。

しかし、理由や言い訳が何であれ、今からそれらを手放すことはできます。世の中には想像できないほど多くの困難を乗り越えてきた人たちが大勢います。それでも彼らは成功しています。ですから、あなたもできます。

きわめて単純な問いを自分に投げてみる

たとえば、予期せぬ相続に遭遇したり、宝くじに当たったりしたことを想像してみてください。あなたなら最初に何をしますか。裕福な人、あるいは裕福になることが想像できる人は、どうやって貯蓄し、投資し、財産を増やすことができるかを最初に考えるでしょう。

普通の人が予期せぬ大金を手にすると、彼らはそのお金を自分たちの生活を改善するために使ってしまいます。宝くじに当たった人のほとんどは、結局は数年後にまた破産してしまいます。

悲しいことに、心の内面の考え方を変えなければ、長期にわたって有り余るほどの富を経験することはほとんどありません。

エクササイズ1

予期せぬ幸運を手にしたら、最初に何をするかを自分に問いかけてみましょう。あなたの答えはあなた自身とあなたがお金持ちになる可能性について多くのことを教えてくれます。

お金を呼び寄せる磁石になる

お金にはそれ自体にエネルギーがあり、お金を大切に扱う人に主に引き寄せられます。お金は、価値のある商品やサービスを生むために生産的にお金を使用し、他の人に利益をもたらす雇用や機会を生み出すために投資する人に**流れる**傾向があるのです。

同じように、お金の使い方が下手な人や非生産的な使い方をする人からはお金は遠ざかっていきます。

古いことわざにあるように、「愚か者は大金を手にしてもすぐに失う」です。

あなたがやるべきことは、できる限り多くのお金を手に入れ、それを自分と自分の大切な人たちの生活の質を高めるために使うことです。

エクササイズ2

仕事を辞めて二度と働かなくてもよくするためには、いくら必要か計算してみてください。ほとんどの人は、このような計算をしたことがありません。目に見えない目標は達成できないのです。

エクササイズ3

自分が何になっても、何をしても、何を所有してもいい状態を想像してみてください。どんな科目を学んでも、今の職業でどんなレベルの成功を収めることもできるとします。あなたを妨げている唯一のものは、自分と自分の能力に対する自信の欠如です。最初に取るべき一歩は何でしょう。

6

マインドの法則
——考え方を変えれば人生は変わる

「マインドの法則」によれば、あなたの最大の力は考える力です。

この法則は、「我々は、偶然ではなく法則によって支配された世界に生きている」と教えてくれます。あなたに起こることはすべて、あなた、もしくは他の人の考えから始まります。この法則は、事前に知っているかどうかにかかわらず、すべての出来事には理由があると示しています。

成功や失敗、富や貧困といったあらゆる結果には、1つ、または複数の思考からくる原因があります。すべての思考や行動は、私たちがそれを見ることができるかどうか、それが好きか嫌いかにかかわらず、何らかの影響や結果をもたらします。**思考が原因で、状況が結果です。**

望む効果や結果が明確であり、心の目でそれをはっきりと見ることができれば、おそらくそれを達成できるでしょう。同じ目標を達成した他の人から学ぶこともでき、彼らがやったことを自分も実行することで、同じ結果を得ることができます。

さらに、「マインドの法則」は、経済的な成功も特定の原因から生じる**結果**であると定めています。これらの原因を特定し、それを自分の生活に取り入れると、他の何百万人もの人が得ることができたのと同じ結果を得ることができるでしょう。

先人たちと同じ結果を達成するためには、彼らが行ったことを実行するだけです。それだけであなたは希望するお金を手に入れることができます。しかし、もし実行しなかったら、手に入れることはできません。とても単純なことです。自然は中立です。特定の人間を贔屓《ひいき》したりしません。

この普遍的な法則である「マインドの法則」の最も重要な要素は、思考が原因で、状況が結果であるという点です。

思考は創造的である

「マインドの法則」とは、別の言い方をすれば、「思考は創造的である」ということかもしれません。あなたの思考が、あなたの人生を創造する原動力です。あなたは自分の考え方によって、自分の世界のすべてを創造し、形づくり、デザインすることができます。あなたの人生に関係するすべての人や状況は、あなた自身の考え方、またあなたが他人から受けた考え方でできています。考え方を変えれば、場合によっては数秒で人生は変わることだってあります。

エクササイズ

あなたの人生の中で、自己限定的な思い込みがあなたの足を引っ張っている可能性のある領域を1つ特定してみましょう。あえて真逆の発想をしてみて、それがその領域で当たり前になるまで、心の中で育ててください。

ベストな思い込みは、あなたが経済的に大きな成功を収める運命にあるというものでしょう。

7

思索の法則
――自分の思いが行動を決める

「思索の法則」とは、人はほとんどの場合、自分が考えているとおりになるというものです。あなたに何が起こるかが重要なのではなく、自分に起こることについてどう考えるかが、あなたが**どう感じ**、反応するかを決定します。周囲の状況や状態を決めるのは、あなたの**周りの世界**ではありません。あなたの人生の状況を作るのは、あなたの**内なる世界**です。

具体的に言うと、あなたのお金と経済的状況についての考え方が、現在の経済的状況と明日の経済的状況を大きく決定づけるのです。

貧乏であることと破産することはまったくの別物

ブロードウェイの有名なプロデューサー兼ディレクターであるマイク・トッドについて次のような話があります。

彼の上演作品の1つが大きく失敗し、全財産を失ってしまったときのことです。彼の友人が彼のところにやってきて、「マイク、**貧乏**ってどんな気分？」と尋ねました。

トッドは次のような素晴らしい言葉で答えたそうです。

「俺は一度だって貧乏だったことはない。ただ破産しただけだ。貧乏というのは考え方だ。破産というのは、一時的な状況に過ぎないんだよ」

彼は続けて別の作品をプロデュースし、ブロードウェイで大成功を収め、その後何年にもわたって次々と作品を上演し、そのすべてがヒットしました。彼が今でも伝説の人であることは言うまでもありません。

挫折は一時的なものにすぎない

あなたがどんな問題を抱えていたとしても、それは一時的なもの。あなたに大切な教訓を教え、来たるべき大きな成功に備えるためにあなたに与えられたものです。

医学では、正確な診断がつけば、半分治ったようなものだと言われています。家族、健康、仕事、経済的状況など、自分の人生で最も大切なものに注目してみましょう。

そして、あなたが考え、話し、感じ、行動していることと、あなたが得ている結果との因果関係を観察してみましょう。

正直になることです。教訓だけに注目し、あとは追求するのは避けましょう。

著名な伝道者のルグラン・リチャーズはかつてこのようなことを言いました。「どんな悩みにも、解決策があるかないかです。解決策があるなら急いで見つけなさい。もし、解決策がなければ、気にしないことです」

エクササイズ

魔法の杖《つえ》を振って人生を完璧にするとしたら、あなたの人生は今日と何が違いますか。完璧な人生を築くためにあなたが取る最初の一歩とは何でしょう。

8

信念の法則——信じ続けることが現実になる

「信念の法則」は、あなたが心から信じたものはすべて現実になるというものです。心理学の父と呼ばれるハーバード大学の高名な心理学者ウィリアム・ジェームズはかつて、信念が実際の事実を生み出すと主張しました。

あなたは常に自分の信念、特に自分自身についての信念に沿って行動しています。あなたの信念は、それと矛盾する情報を排除する一連のフィルターのように機能しています。

あなたは自分が見ているものを必ずしも信じるのではなく、むしろあなたがすでに信じているものを見ているのです。つまり、あなたはすでに信じると決めたことと矛盾する情報を排除しているのです。それは、自分の信念や偏見、あるいは判断が事実に基づいていようが空想に基づいていようが関係ありません。

これは特にお金に関して当てはまります。あなたが培うべき最高の信念は、自分は経済的に大きな成功を収める運命にあるというものです。あなたに起こるすべてのこと、そしてあらゆる問題や一時的な挫折は、あなたをお金持ちにするための素晴らしい計画の一部であると信じてください。自分は経済的に成功しつつあると完全に確信することができれば、それを実現するための行動を起こすようになります。

間違いの末に学んだことは?

数年前、数人の裕福なビジネスエグゼクティブたちと一緒に釣り小屋で過ごしたときのことです。彼らと毎晩、共に夕食を取り、飲みました。毎晩、彼らは自分たちのビジネスの経験や犯した多くの失敗について話し合っていました。彼らは自分たちの富や成功について一度も話しませんでした。今日の自分たちの富を築き上げるために得た教訓をいかにして得たか、その1点について話し合い、笑っていました。

あなたも同じようにすべきです。あらゆる挫折からできるだけ多くの教訓を得ましょう。それらを書き留めてください。定期的に見直し、あらゆる間違いから学んでいこうと心に決めましょう。そして、同じ問題に2回つまずかないようにしましょう。

自己を制限する心に挑んでみる

あなたが抱く最悪の信念は、**自分を制限する思い込み**です。

これは、自分が何らかの形で制限されていると思うときはいつでも頭をもたげます。スピリチュアルライターのルイーズ・ヘイは、人が抱えるありがちな問題は、「自分は十分ではない」という感情だと述べています。幼少期の激しい批判や大人になってからの否定的な経験の結果、多くの人は自分には才能や能力が欠けている、あるいは他人と比べて十分ではないと結論付けてしまいます。

実際のところ、あなたより優れている人はいないし、あなたより賢い人もいないのです。現時点で他の人がよりよい成績を収めている場合、それは主に、彼らが生まれ持った才能や能力をあなたよりも早く、より多く開発したからです。彼らはあなたより先に、生活や経済に当てはまる原因と結果の法則を学んだだけです。そして、他の人がやったことは、当然のことながら、あなたにもできるでしょう。方法を学ぶ必要があるだけです。

第16代アメリカ大統領のエイブラハム・リンカーンはかつてこう言ったと伝えられています。

「何もないところから始めて成功した人もいるということは、他の人も同様に成功できるという証拠だ」

ここで1つ質問したいと思います。最初から失敗しないとわかっているとして、あなたがあえて夢見る素晴らしいこととは何でしょう。

もしあなたに制限など一切なく、必要な時間、お金、才能、スキル、人脈がすべて揃っていたとしたら、人生で何をしたいですか。

何になって、何を得たいですか。この質問に対する答えが明確であればあるほど、あなたの人生はより早く改善されます。多くの場合、驚くべき形で……。

エクササイズ

今後数週間または数カ月以内に達成したい目標を1つ選んでください。それを書き留めましょう。それを達成するための計画を立て、毎日それに取り組んでください（目標の設定と達成については、本書の後半で詳しく説明します）。

先延ばしにしないでください。あなたの一番の目標をすぐに書き留めて、あなたの潜在意識と超意識がそれを現実にし始めることを可能にしましょう。

9

期待の法則——自分で自身の占い師になれる

「期待の法則」に従えば、あなたが自信をもって期待するものはすべて自分の思いどおりになります。あなたは、自分の人生において物事がどう展開していくかについての考え方や話し方に基づいて、常に占い師のような役割を果たしているのです。

よいことが起こると自信をもって期待すれば、たいていよいことが起こります。反対に、何かネガティブなことが起こると思っていれば、通常そのとおりになります。

裕福な人は、短期的に何が起こっても自分は裕福になると期待しています。

成功者は、成功することを期待しています。

幸せで人気のある人は、幸せで人気があることを期待しています。

そして、期待というものは主にあなた自身のコントロール下にあるものです。

自己成就する予言の真実

カリフォルニア大学とハーバード大学の教授であるロバート・ローゼンタール博士は、長年にわたる研究の末、自分への期待が自身の自己実現の予言（予言の自己成就と呼ばれる）になると結論付けました。彼はまた、人は自分が賞賛し尊敬する相手の期待に大きく影響されることも発見しました。

自分の目標となり、自分に期待をかけてくれる人は、慎重に選ぶべきです。あなたが尊敬し、あなたを高めてくれる相手を選びましょう。彼らに倣《なら》って自分の行動をパターン化しましょう。内面も外見も真似《まね》るのです。

一方で、あなたを尊敬する人たちもいるでしょう。彼らには、彼らと彼らの持つ優れた能力を信じていることを継続的に伝えましょう。大きな影響力を与え、ブーメラン効果を生み出します。他の人に対してポジティブなことを言うと、それがブーメランとなって自分に返ってくる傾向があるのです。

結果的に、自分自身がいい気分になれます。

自分に期待するように思考してみる

期待を高めるポジティブな力場《りきば》（フォースフィールド）を作りましょう。そして、**あなたのベストな状態**を期待します。

あなたには無限の能力があり、あなたが心に決めたことは何でも叶《かな》うと想像するのです。あなたの将来は、あなた自身の想像力によってのみ制限されるものと考えましょう。あなたがこれまでに達成したことは何であれ、あなたが本当の意味で達成できることのまだほんの一部にすぎないと想像してください。

最高の瞬間がこれから待っているのです。

これまでにあなたに起こったことはすべて、これから起こる素晴らしいことへの準備にすぎなかったと想像しましょう。

シェイクスピアが書いたように、「過去は序章に過ぎない」のです。

エクササイズ

期待を高めるポジティブなフォースフィールドを作りましょう。

常に自分自身と周りの人のベストを期待してください。いつも、周りにいる人たちに——とりわけ家族や同僚に——前向きな期待を抱き、彼らを高める方法を模索しましょう。彼らに言ったことは必ず自分に返ってくることを忘れずに。

10

引き寄せの法則——生きた磁石となる

「引き寄せの法則」によれば、あなたは**生きた磁石**です。

あなたは常に、主軸となる自分の思考や感情と調和する人や状況、そして場面を自分の人生に引き寄せているのです。

人生の中で、「引き寄せの法則」の力を高める要素は3つあります。それらは——①肯定、または**話す**内容、②視覚、または心の目で**見る**もの、③感情、または**感じる**もの、欲しいものを思い浮かべたときに経験する感情の強さ——です。

中でも感情は、エネルギーを**何倍にもしてくれるもの**です。目標や望ましい結果の背後に感情を置けば置くほど、より大きなエネルギーが生成され、人生によいものをより速く引き寄せてくれます。

しかし、感情は両刃《もろは》の剣です。あなたが望んでいることを恐怖や疑い、その他のネガティブな感情を伴って考えてしまうと、「引き寄せの法則」が無効になり、拒絶の法則が作用し、掲げた目標を人生から追い払ってしまいます。

まずは考え方を変えよう

「引き寄せの法則」は、ビジネスや私生活における成功と失敗について多くを語ってくれるものです。それによると、あなたの人生にあるすべてのものは、あなたの考え方によって、あなた自身が引き寄せているものです。つまり、考え方を変えれば、人生を変えることができます。そして、考え方というものはあなたが完全にコントロールできる唯一のものです。

経済的成功を願い、それについて常に考えていると、人、アイデア、機会を人生に引き寄せるポジティブな感情エネルギーのフォースフィールドが形成され、目標を現実にするのに役立ちます。

今日のあなたの経済的状況を見て、それがあなたの考え方とどう調和しているか考察してみましょう。

あなたの人生でいいと思う事柄は全面的に認めます。それらがそこにあるのは、あなたがそれらを自分に引き寄せたからです。

次に、自分の周りの気に入らない点に目を向け、それらに対しても責任を負いましょう。

それらは、あなた自身の考え方に何らかの欠陥があるために存在します。

その欠陥は何ですか。そしてそれに対してどうするつもりですか。

考え方を変えれば人生も変わります。

エクササイズ

自分が本当に望むことだけを考えたり話したりし、望まないことについては考えたり話したりしないよう自分を律してください。

大きく成功するために必要な知識について継続的に本を読んだり、ポッドキャストなどの音声プログラムを聞いたり、セミナーに参加したりしてもっと学びましょう。

ポジティブな人や成果を上げている人と付き合い、自分の足を引っ張るネガティブな人とは距離を置きましょう。

11

反映の法則――外側を変えるには内面を変えなければならない

「反映の法則」に従えば、あなたの外側の世界は、あなたの内面の世界を反映するものであり、主な思考パターンを反映するものとなります。

この驚くべき原則は、人生におけるほとんどの幸福と不幸、成功と失敗、そして優劣についても語っています。私はこの分野を何年も研究してきましたが、未だにこの強力な法則を前にすると、広大なグランドキャニオンの前に立っているような畏敬の念を抱きます。

考えてもみてください！　あなたの外側の世界は、鏡のようにあらゆる面であなたの内面の世界を反映しているのです。あなたの内面の何かに反応しない限り、長い目で見てあなたには何も起こらないのです。あなたが恩恵を受けられるものも何も起こりません。したがって、人生の外側の何かを変えたり改善したりしたい場合は、心の内面を変えることから始めなければなりません。

自分の収入に不満がありますか。心配いりません。近くにある鏡の前に立ち、上司と交渉して給料を増やす練習をしてください。

「もっとお金を稼ぐにはどうすればいい」と尋ねましょう。

自分の内面と外側を合わせてみる

人生におけるあなたの大きな任務は、外側で経験したいと思うものに比例する精神的状況を、自分の内面に作ることです。なぜなら、まず始めに内面で何かを生み出さなければ、外側で何かを達成することはできないからです。これは精神同一性と呼ばれることもあります。

これはつまり、自分の人生がまるで360度鏡になっているような状態です。どこを見ても、そこにはあなたがいます。たとえば、あなたの人間関係です。それは、常にあなたが内面でどのような人間であるかを反映しています。あなたの態度、健康状態、経済状況は、ほとんどの場合、あなたの考えを反映しています。

「反映の法則」は、事実上すべての宗教と学派の基本原則です。しかし、なんて素晴らしいことでしょう。これを手に入れれば、自由と幸福、すごい成果と達成への鍵を得られるのです。

あなたの思考は、世界であなたがたった1つだけコントロールできるものです。自分の思考を完全にコントロールできるようになれば、人生の他のすべての側面も同時にコントロールできるようになります。自分が望むことだけを考え、話すことです。

反対に、望まないことについては考えたり話したりすることは避けましょう。そうすることで、あなたは自分自身の運命の設計者となることができます。自分の未来は自分で作るのです。

私が夢のマイホームを手に入れるまで

この法則を自分で実践する方法が1つあります。私が思うに、ほとんどの人は夢のマイホームについて考えますよね。人は人生の大半で、完璧な家に住むことを夢見て、空想します。私も結婚した当初はそうでした。妻のバーバラと私は、夢のマイホームを見つけて購入するために、この「反映の法則」と他の多くの法則を実践することにしました。

まず私たちがやったことは、私たちが夢見る完璧なマイホームにあってほしいと思う特徴をノートに書き留めることでした。時間とともに、私たちが夢のマイホームに求める42の特徴が出来上がりました。

さらに、私たちは『ハウス・ビューティフル』『ベターホームズ&ガーデンズ』『アーキテクチャル・ダイジェスト』といったインテリア雑誌を購読し、毎月読んでは、気に入った物件の写真を切り抜きました。週末には、高級住宅地にあるオープンハウスを見て回りました。私たちは、近い将来そこを購入するのを想像しながら家の中を見て回りました。家のインテリアや外観の特徴について、気に入った点や気に入らなかった点についてコメントし合いました。

実のところ、私たちが夢のマイホームを探し始めたとき、ビジネスを始めたばかりでお金を使い果たしていました。これは駆け出しの起業家にはありがちなことですね。私たちは小さな家を売って、賃貸住宅に引っ越していました。必死に頑張っている時期で、たとえ完璧な家を見つけたとしても、その頭金を支払うお金はありませんでした。

しかし、状況は一転しました。状況というものは常に変化するのです。

私たちはビジネスで成功し始め、より多くのお金を稼ぐようになりました。

1年以内に、小さいながらも非常に魅力的な住宅の頭金を支払うのに十分な資金を蓄えることができました。しかし、長い目で見てそれが私たちにとって完璧な家ではないことはわかっていました。

もっとよい物件がでてくるだろうと私たちは知っていました。

私たちは働き続けてお金を貯め続けました。それから2年も経たないうちに、私たちは住んでいた家を売って少し利益を得ることができました。その後、150戸以上の売家を見て回った結果、私たちにぴったりの家を見つけることができました。そこは、私たちが完璧な家に求めた42の特徴のうち41が当てはまっていました。何より、その家の購入費用を十分支払えるようになっていました。

私たちはその夢のマイホームを購入して引っ越しました。結婚生活は、ずっとそこで過ごしました。その家で4人の子どもも育てました。もう離れるつもりはありません。心の準備ができていたおかげで、私たちは正しい決断をし、自分たちにぴったりの家を見つけ、決して振り返ることはありませんでした。

心を開いて、やってみよう

夢のマイホームを見つけるという経験談を私は自分のセミナーで時々話します。それを聞いた人たちは、1~2年後にまた会いに来て、あるいは手紙やメールで、妻や私がやったことと全く同じことをしたという連絡を何度も私に送ってきます。そして、1~2年以内に経済状況を改善させ、より多くのお金を稼いでいるという連絡をくれます。彼らは完璧な家を見つけ、購入し、引っ越すことができたのです。皆が非常に満足していました。

あなたも多くの人たちと同じように、おそらくこの話には少し懐疑的でしょう。朗報は、必ずしも私の言葉を信じる必要はないということです。お金を使う必要もありません。

ただ、あなたがしなければならないのは、完璧なマイホームに本当に何を望んでいるのかを明確にすることです。

それを書き留めましょう。インテリア雑誌を買って、あなたが思う完璧な家の内装と外観の写真を切り取り、そして自然の流れに身を任せましょう。

これは、最良の決断かもしれませんよ。美しい住宅街にあるオープンハウスに行き、その中を歩きながら、その家をすでに所有しているか、あるいはいつでも購入できると想像してみてください。

このエクササイズをすると、徐々にポジティブな思いからポジティブな確信へあなたの思考も変わっていくでしょう。自分の目標が叶いそうだと自信を持って信じ始めれば、それが叶うのも時間の問題でしょう。

このような話を聞くと、大抵の人は「そうだけど、うまくいかなかったらどうする」と言うでしょうね。

これは間違った質問です。優秀な人は代わりに、「もしうまくいったらどうする」と尋ねます。

完璧なマイホームを手に入れるために、思考を再プログラムするためにはどれくらいの費用がかかりますか。何もかかりません。だから、やってみましょう。

エクササイズ

自分にはいかなる制約もないと想像してみてください。

インテリア雑誌等を使って自分が理想とする完璧な家を想像し、美しい住宅街のオープンハウスに出かけましょう。心が躍るような驚きに遭遇するでしょう。

次に、この方法を使って、人生で望むすべてのよいことを想像しましょう。それらを書き留めてください。常にそれらについて考えましょう。ワクワクすることが起こる心の準備をしてください。

12

超意識の法則

――穏やかな心で理性が研ぎ澄まされる

「超意識の法則」は、あなたが意識の中で継続的に保持できる考えや計画、目標、そして、アイデアは、すべて超意識によって現実化されるというものです。

これはすべての法則の中でも最も重要なものです。すべての宗教、哲学、形而上学的学派、そして4000年以上にわたって人類の素晴らしい知性によって培われてきたすべての偉大な思考の基礎原則となるものです。また、すべての精神的かつスピリチュアルな法則を統括する法則であり、促進するものです。

超意識の心は、**「宇宙意識」「超イド」**、あるいは「神の心」などと呼ばれることもあります。

アメリカの思想家・哲学者ラルフ・ワルド・エマーソンはそれを「**オーバー・ソウル（大霊）**」と呼びました。一方で「**普遍的潜在意識**」と呼ぶ人もいます。

時々、「成功したいけど、これらすべての法則や原則をどうやって覚えればいいかわからない」と私に尋ねてくる人がいます。

すべての法則を覚える必要はありませんが、この法則だけをおさえてほしいと思います。この法則は、これまで説明してきたすべての法則と、その他の多くの法則をまとめたものなので、これさえおさえておけば、これまで夢見ていた以上のことを想像よりもずっと早く達成できるでしょう。

調和的な収束とは何か

惑星科学には、「ハーモニックコンバージェンス（**調和的な収束**）」と呼ばれる地球規模のスピリチュアルな催しがあります。これはすべての天体が一列に整列したときに行われるもので、その時に生じた引力は、地球上のすべての自然の力を変えることができるといわれています。

これは、私たちが議論してきた心の法則で起こっていることと同じです。

「超意識の法則」は、すべての法則を調和させ、連携させて、最も強く望んでいる目標を達成するよう手を貸してくれるものです。これは、要するに、あなたの考えを送信し、あなたが望むもの、そして今まさに必要としているものを正確なタイミングで返してくれる強力な配信システムのようなものと考えてください。

あなたは、起きているときも眠っているときも「超意識の法則」というものが1日24時間機能していることを知って、それを冷静に受け入れればいいだけです。この法則があなたの中や周りで働いているということをリラックスし、自信を持って受け止めれば受け止めるほど、より早く、思ったとおりにあなたのために働くようになるでしょう。この法則は、あなたが心の準備ができたときに、まさに望んで必要としているものを届けてくれることを保証しています。

結果的に、他のすべての法則と原則を1つの調和した形にまとめて、これまで夢見ていた以上のことを、はるかに短い時間ですぐに達成できるようにしてくれるのです。

3つの心をひとつにしていく

現代心理学では、人は実のところ顕在意識、潜在意識、超意識という3つの心を持っていることがわかっています。心理学のほとんどは最初の2つに焦点を当ててきました。

あなたの最初の心、つまり顕在意識は基本となるOS（オペレーティングシステム）です。視覚、聴覚、触覚、嗅覚、味覚、その他あらゆる種類の運動を通じて取り込まれたすべてのデータを処理しています。

一方、あなたの潜在意識はまったく異なる性質を持っています。創造的なものではなく、単に命令に従うだけのものです。この意識は、情報、アイデア、感情を受け入れて検索する巨大な図書館またはコンピュータのようなものです。その仕事は、あなたが内なる世界にプログラムしたものと調和して外の世界を機能させることです。

反映されるものは、あなたが入力した情報以上でも以下でもありません。「ゴミを入れたらゴミしか出てこない」とよく言われるのはこのためです。

反対に、逆もあることを忘れないでください。

「いいものを入れたら、いいものが出てくる」のです。

超意識は、顕在意識と潜在意識に保存されているすべての情報とデータに即座にアクセスすることができます。世界中の新しいさまざまな情報へのアクセスも可能です。

あなたは、どのような瞬間からでも、自分が送りたい人生やなりたい人間と合致する、前向きで建設的なメッセージや刺激的なアイデア、心象、目標を自分の心に与え始めることができます。すると、あなたの超意識はこれらのポジティブなイメージをあなたの現実に引き寄せてくれるでしょう。

ジークムント・フロイトは、これら3つの心を「エゴ（自我）」「イド（無意識の領域）」、そして「超自我」――私たちが超意識と呼ぶもの――と名付けました。

すべての創造的な躍進――まったく新しいアイデアや発明、テクノロジー、アート、音楽、詩、文学、また芸術そのもののように設計された建築物（パルテノン神殿、タージ・マハル、ルーヴル美術館など）――は、超意識が創造したものです。

あなたが望むものは何でも、あなたに返ってくる

自分が何を望んでいるのかがはっきりとわかっていて、その強烈な願望を、想像力でもって作り上げたイメージと幸せやワクワクする感情に結びつけると、超意識は活性化されます。超意識は思っていたよりもずっと早く目標を達成するのに必要な人、お金、そして環境を自分の人生に引き寄せ始めるでしょう。問題を解決し、目標を達成するために必要な画期的なアイデアも思いつきます。

正しいタイミングと方法で働いてくれるように超意識の領域に自信を持ってゆだねればゆだねるほど、より速く、より正確にあなたが欲しいものが、早くも遅くもない丁度いいタイミングであなたに届くでしょう。

それでは、超意識を一貫して働かせるためにはどうすればいいのでしょうか。答えは、実証された、実践的でシンプルなものです。

人類の歴史を通じて、問題を解決し、創造的な進歩を遂げるために使用されてきた方法です。1つ目の方法は**目標を設定すること**であり、これについては13番目の法則で詳しく説明します。もう1つの方法は**精神統一**と呼ばれ、他のどの方

法よりも早く超意識を活性化するものです。

心を穏やかにすることだけに注力する

あなたの代わりに超意識的な領域を素早く活性化させる最良の方法の1つは、瞑想、つまり心を落ち着かせることです。沈黙に入り、心を落ち着かせて、すべてのストレスや心配を取り除くと、超意識が働き始めます。何か問題、心配、目標があるときは、沈黙に入り、心を落ち着かせ、ただ静かに座って答えが降りてくるのを待ちましょう。

達成したい目標があるが、それを達成する方法がわからない場合、または解決しなければならない問題があるが、解決方法がわからない場合は、とにかく沈黙に入ることをおススメします。

誰にも邪魔されない場所を選び、およそ30分間静かに座ってみてください。

これはどこでも行うことができますが、屋外や自然環境の中の方が速く刺激を与えることができるようです。裏庭に座ってもいいですね。公園やビーチでもいいでしょう。深呼吸をします。超意識を活性化する鍵は、沈黙と平静です。

静寂の中で試してみたいこと

この間、あなたはまったく努力をしてはいけません。自分の思考をコントロールしようとしないでください。静寂の中で静かに座っている間、ただ心を自由に浮遊させてください。およそ25分から30分たったところで、何か素晴らしいことが起こるでしょう。

あなたの最大の問題に対する答えや、最も重要な目標を達成するために次に取るべきステップが、鳥があなたの肩に静かに止まるかのように、あなたの心の中に浮かび上がるでしょう。

答えははっきりしたものです。それは目標や問題のあらゆる側面を解決してくれるものです。あらゆる点で完璧なものです。

それから、あなたは立ち上がって、何をすべきか、どのように行うべきか、そしていつ行うべきかを正確に知って、大きな自信を持って仕事に取り掛かることができるでしょう。

これは簡単なエクササイズであり、私も何年にもわたって学び、実践し、何千人もの人たちに教えてきたものです。どんな状況下の人にも効果があるようです。

一度試してみて、その威力を自分で確かめてください。多くの場合、瞑想は、目標を達成するための膨大な時間と費用を節約してくれます。

実のところ、ほとんどの人は人生で30分も1人で静かに座っていられません。それによって、彼らは成功と幸福のための最も強力な手段を手放しているのです。

エクササイズ

問題を解決したり、目標を達成したりするために沈黙に入りましょう。30分間、邪魔されることなく静かに座り、何が起こるか待ちましょう。

驚かれるかもしれません。あなたの超意識は、自信と信頼に満ちた精神状態にいるときに最もよく機能します。定期的に実践しましょう。

PART 2

実践的で実証された方法で収入を2倍、3倍にする

13

目標設定の法則——目標を書き出すことで人生が変わる

「目標設定の法則」に従えば、あなたが自分に設定した目標は何であれ、十分に長く努力する意欲があれば達成できます。

あらゆる分野で目標を設定し達成する能力は、人生の奇跡です。これから学ぶ簡単なプロセスを実践することで、同じ収入と成果を達成するための数カ月、場合によっては数年もの労力を削減することができるでしょう。目標を設定し達成するためのこの方法は、とりわけ「超意識の法則」を含む、すべてのメンタルにまつわる法則を活性化してくれます。

明確さと焦点が重要である

おそらく、目標を設定して達成し、一般的に成功を収めるために最も重要な2つの言葉は、「**明確さ**」と「**焦点**」でしょう。

まず、自分が何を望んでいるのかを完全に明確にする必要があります。明確でない場合、つまり、1つのメッセージを送信したあとにそれと真逆のメッセージを送ってしまうと、潜在意識と超意識に混乱したメッセージを送信することになり、混乱した結果を得るか、まったく結果が得られなかったりします。

成功について考えてから失敗について考えると、結局前進したあとに、後退することになります。1日の終わりには、出発点に戻ってしまいます。

「**ゴミを入れたらゴミしか出てこない**」ということわざのとおりです。

ギリシャ神話のシーシュポス王

シーシュポスというコリントスの王についての有名なギリシャ神話があります。

この王は冥界の神であるハデスによって巨大な岩を丘の上に転がす呪いをかけられましたが、頂上に近づくたびに転がり落ちてしまいます。シーシュポスはこの行為を永遠に繰り返すことを余儀なくされるのです。

今日、私たちは、決してやり遂げることができないような骨の折れる無駄な仕事を、「シーシュポスのような仕事」と呼びます。

多くの人は、キャリア全体を通してこのような仕事の仕方をしています。彼らは少し**前進**します。そして、少し後退します。結局のところ、彼らはほとんど前進していないか、ひどい場合は全く前進しないのです。彼らは、数年前と同じお金の問題やプライベートな問題をずっと抱えたままです。

集中する力と完成させる力

重要と思うもので成功するには、1つのことに集中して、完了するまで必要な限りそれに取り組み続けることです。目標を達成するために長く一生懸命働いた末に、あと少しというところで、場合によっては95パーセント終了している時点で、少なからずの人が言い訳をしたり、後ずさりしたり、社交に時間を費やしたり、休日や休暇を取ったりするのには驚かされます。彼らは、人生に大きな違いをもたらすであろう、その大切な1つのタスクや目標を最後までやり遂げ完成させないのです。

タスクを最後までやり遂げたり、目標を達成したりすることに繰り返し失敗すると、習慣ができてそれを断ち切るのがますます難しくなります。

一方、先延ばしや投げ出す習慣が身につきやすいのと同じように、**タスクを完成させる**習慣も実は身につけやすいのです。よい知らせは、タスクを開始して完成させるたびに、ドーパミン、セロトニン、オキシトシン、そして中でもエンドルフィンといったポジティブなホルモンが大量に分泌されることです。これらはしばしば「自然の幸福薬」と呼ばれるものです。自然なハイな状態をもたらす至って健康的なものです。それらはあなたに爆発的な幸福感と個人的なパワーを与えます。あなたを勝者のように感じさせてくれるものです。

ポジティブな依存症になってみる

20世紀の偉大な精神科医の1人であるウィリアム・グラッサーは、1976年に『ポジティブ依存症』（未訳）という本を書きました。彼の考えは単純なものでした。成功しても失敗しても、あなたの行動すべてが脳内でプラスまたはマイナスの化学物質を引き起こすと彼は示しました。時間をかけて、よい化学物質をポジティブな方法で活性化する習慣を身につけることができるというのです。

たとえば、ポジティブな依存症の1つに、あらゆる種類のタスクを開始して完了するたびに感じる幸せな感情があります。この幸せな気持ちは、新しい習慣が身につくまで、これらのことを何度も繰り返すための助けになってくれます。

繰り返し言ったりやったりすることは、最終的に新しい習慣になるでしょう。新しい習慣を身につけることは、始めは難しいですが、時間が経つにつれてどんどん簡単になっていきます。かつては始めるのに多大な努力を必要としていたことが、自転車に乗るのと同じように、すぐに自然で簡単なことになっていきます。

簡単に言うと、成功者は成功習慣を持っています。成功していない人は、成功するための習慣をまだ持っていませんが、その気になればいつでも身につけることができます。

ここでもう1つ別の発見について述べておきましょう。

小さなタスクを開始して完成させると、プラスの化学物質がわずかに増加します。幸せな気分を味わえますが、ほんの少しだけです。

しかし、最大かつ最も大切な仕事に着手し完成させると、これらのポジティブな化学物質が大量に放出されます。自分のことを素晴らしいと感じるでしょう。大声で笑うことも増えます。勝者のような気分も味わえるでしょう。

人間の感情の究極である「喜び」を体験するはずです。そして、別の同じようなタスク、あるいはさらに大きなタスクを始めて完成させることで、再び自分が素晴らしいと感じたいと思い始めるでしょう。

真の成功事例について

数年前、ブライアン・トレーシー・インターナショナルは、トータル・ビジネス・マスタリーと呼ばれる2日間の集中ビジネスセミナーをサンディエゴで企画しました。ある日、私は、ニュージーランドのオークランドにいる私の見込み客から電話を受けました。電話をかけてきた男性は、私の目標設定の資料に大きな影響を受け、会社の他の7名とともにサンディエゴに飛び、このコースに参加したいと言うのです。もちろん、私たちは同意し、到着したときは歓迎しました。

プログラムの最中、その男性リチャード（仮名）は私を脇に呼び、自分の話をしてくれました。決して忘れることのない内容でした。数年前までは、彼は労働者階級の家庭に生まれた控えめなトラックの運転手で、ニュージーランドの道程を運転して荷物や貨物の積み降ろしをしていました。そんな中、彼は目標に関する私の資料を読んだのです。

彼は、「もし達成できたとしたら、自分の人生に最も大きなプラスの影響を与える目標は何だろう」と自問しました。

当時、彼は大きな運送会社でトラックを運転していました。配送による収入はトラックの所有者に3分の1、運送会社に3分の1、そしてドライバーに3分の1と3分割されていました。もし自分のトラックを持っていたら、配送のために支払われる金額の3分の2を稼ぐことができます。
それが彼の目標になりました。
彼はそれを書き留めて計画を立て、妻と2人の息子とともに目標に取り組み始めました。1年以内に、彼は自分のトラックの頭金を支払うのに十分なお金を貯めました。彼の収入はほぼ2倍になったので、もう一度同じことをやろうと考え始めました。長時間、一生懸命働き、お金を貯めました。2年目が終わる頃には、2台目のトラックを購入しました。ご想像のとおり、彼の収入は2倍、3倍と膨れ上がりました。

その後10年間、彼はトラックを購入したり、下取りしたりしました。自分の運送会社も始めました。私たちのセミナーに参加するためにサンディエゴに来たときには、彼は110台のトラックを所有し、ニュージーランドで最も有力な運送会社の経営者になっていました。それを目標として書き留め、計画を立て、その計画に週7日取り組むことからすべてが始まったのだと彼は教えてくれました。

これは私のお気に入りの話の1つです。明確な文字化された目標と計画を持つことで、あなたや他の人にとって何が可能になるかを示す好例でもあります。先述した理由のとおり、目標が明確で焦点が絞られていれば、目標を実現するために必要な人材、資源、アイデア、お金を人生に引き寄せることができるのです。

7ステップの目標設定方法

目標を見つけたとき、私は25歳で一文無しでした。しかし、目標は私の人生を永遠に変えました。それ以来、私は目標設定と達成について生涯にわたり研究してきたのです。私は目標設定の方式を84カ国の人たちに教えてきました。目標は、私と他の何百万人もの人を、極貧からお金持ちへと導きました。

この本の前半で述べたように、世界中の人から最もよく言われる言葉が、「あなたは私の人生を変えた。私をお金持ちにしてくれた」というものです。ほぼ例外なく、彼らがそうなったのは、人生で初めて目標を設定する方法を学んだためです。目標の設定方法を学ぶことで、彼らは精神的および物理的なお金の法則をすべて活性化し、個人の力を解き放ち、これまで夢見ていた以上のことを達成することができました。彼らは自分たちの生活を完全にコントロールすることができるようになったのです。

ステップ1　何を望むかを正確に決める

最も大きなステップである最初の一歩によって、その後のすべてのステップが可能になります。つまり、何を望むかを「正確に」決めることが大切です。6歳児に説明できないのであれば、自分自身も理解していないということになります。明瞭さは不可欠です。

ステップ2　書き留める

自分が望むものを正確に決定し、それらを紙に書き留めることができるかどうかが、人生の転換点となるでしょう。望むものは何であれ、すでに目標を達成したかのように現在形で書き留めてください。

書き留めると、それらはすぐにあなたの潜在意識と超意識にプログラムされます。それらはあなたの目標が実現するまで、24時間体制で目標を達成するために働いてくれます。そして、あなたの目標自体に力が宿り、時には想像以上に速く、あなたの人生を変え始めるでしょう。

書き留めましょう。書き留めましょう。書き留めましょう。

ステップ3　期限を設定する

明確で具体的な期限は強制システムのように機能します。それは、意識的にも無意識的にも、行動を起こすようあなたを駆り立て、動機づけます。期限のない目標には駆動力がありません。それはただそこにあるだけです。

期限までに目標を達成できなかったらどうしますか。簡単です。新しい期限を設定します。目標がいつ達成されるかを正確に予測することは普通できません。初めて行うことですから。非現実的な目標というものは存在しないのです。あるのは、非現実的な期限です。

目標が大きい場合や複雑な場合は、それを小さく分解し、1つずつ完成させてください。成功の勢いが増すにつれて、あなたは目標に向かってどんどん速く動き始め、目標もどんどん速くあなたに向かってきます。この「**勢いの原則**」を利用するのです。何か、ことを始め、続けましょう。

目標に取り組む時間の残り20パーセントが、目標の80パーセントを達成したかのような気がするのはこのためです。ほとんどの人はいつ計画を投げ出してしまうって言いましたっけ？　彼らは、長い間取り組んできた目標の成功を実感する直前にやめてしまいます。あなたに同様のことが起こりませんように。

ステップ4　チェックリストを作る

目標を達成するためによいと思われることをすべてリストにしましょう。新しいことを思いついたら、それもリストに追加してください。

人生を成功へと導く方法について書かれた最もよい本の1つが、2011年に出版されたアトゥール・ガワンデ著『アナタはなぜチェックリストを使わないのか？』（晋遊舎）です。

彼は、キッチンで作られる小さなレシピから超高層ビルまで、人生のすべてはチェックリストで作られていると説明しています。正確なチェックリストの作成に時間を費やせば費やすほど、より短い時間でより高い品質のものを達成できるようになります。

リストを書き出したら、定期的にリストを検討し、目標に向かって進むための新しいアイデアや行動を追加します。リストが完成するまで項目を追加し続けます。これにより、大幅な時間が節約され、始める意欲と続ける意欲を持たせてくれます。

ステップ5　明確な優先順位でリストを整理する

まず始めに何をしなければなりませんか。次に何に取り掛からなければなりませんか。現時点で避けるべきことは何ですか。リストに明確な優先順位を設定しましょう。最も重要なタスクに取り組み始める能力が、他のどの要素よりも成功を左右するものとなります。

ここで大事なのは、「最も抵抗の少ないものを選ぶ法則」に抗《あらが》う力を養わなければならないということです。この法則は、自然界にあるすべてのものは、省エネを目的に、タスクを達成する上で最も速くて簡単な方法、つまり時間、エネルギー、またお金を最小限に抑える方法を追求するというものです。

人間が取る行動の中で、これはおそらく最も強力な法則または動機と言えるでしょう。一般に、「**便宜的要素**」とも呼ばれるものです。この原則によると、人は常に欲しいものを手に入れるために最も速くて容易な方法を模索します。通常、自分の行動がもたらす二次的、または長期的な影響についてはほとんど考えません。

このテーマは非常に大きく、経済学、心理学、人間性といったものの多くの側面を包含しています。しかし、結局のところ、人というものは**怠け者**であるというところに尽きます。自分たちの時間、エネルギー、そしてお金を愛し、欲しいものを手に入れるためにこれらの支出を減らす方法を常に探しているのです。

便宜的に行動することはよいことでも悪いことでもありません。結局、その行動が導く**結果**だけが、行動がよかったかどうかを決めるのです。科学やテクノロジーのあらゆる進歩は、人が望む結果を達成するための、より速い、よりよい、より簡単な、そしてより安価な方法を見つけることで生まれます。したがって、便宜的に行動することが成功には不可欠のこともあります。

しかし、ほとんどの成功は、仕事や日常活動における便宜的な要素に抵抗し、速くて容易なことではなく、**正しくて必要**なことを行うことからもたらされます。

また、多くの場合、意思決定のプロセスを遅らせると、最終的に下す意思決定の質を向上させることができるのです。特に複雑な状況下においては、「決める前にしばらく考えさせてください」というように決断を先延ばしにする発言も必要かもしれません。

ステップ6　リストに基づいて行動を起こす

とにかく取り掛かりましょう。何でもいいから始めましょう。

しかも、今すぐに始めてください。

そして、タスク全体または目標の少なくとも一部分を完了するまで続けましょう。タスクの完了は、その規模を問わず、あなたが次のタスク、そのまた次のタスク、さらにその次のタスクへと駆り立てる最大の動機となります。実際、タスクを完了すると幸せな気分になります。あなたの体内にハッピードラッグが放出されます。あなたを勝者のように感じさせてくれるでしょう。

先延ばしの習慣は禁物です。失敗や欲求不満の主な原因の1つは、最も重要な仕事にすぐに取り掛からず、先延ばしにしてしまう傾向です。また悲しいことに、繰り返し先延ばしにしてしまうと、よくも悪くもすぐに習慣になってしまうのです。

ほとんどの人は先延ばしの習慣が身についており、その結果、達成できることはとても少ないものになってしまいます。彼らは仕事をするとき、最も重要な仕事に着手するのではなく、最も小さくて簡単な仕事、つまり長期的な成功に最も貢献しない仕事から始めてしまいます。結局、1日の終わりには疲れ切っているのですが、彼らが達成したのは小さくて重要ではないタスクだけとなってしまうのです。

その結果、作業時間の50パーセントほどが無駄になっていると思われます。同僚とのんびりおしゃべりしたり、パソコン上で遊んだり、スマートフォンをいじったりして過ごしているのです。しかし、あなたはこんなことをしてはいけません。最も重要なタスクを達成するために毎日何か行動を起こしましょう。エネルギーの流れを保ちましょう。仕事を回し続けましょう。みんなが見ているということを忘れないでください。

ステップ7　毎日、継続する

最も重要な目標に、一歩近づくために何かを毎日実行してください。

さあ、始めましょう。そして途切れさせないで続けます。

勢いの力を利用して、より少ないエネルギーでより多くのことを成し遂げるようにしましょう。これについては、25番目の法則で詳しく説明します。

あなたに可能なことをすべて達成するためには、目標設定と目標達成のためのシステムが必要です。目標を設定し達成するためには、複雑なシステムがたくさんあります。そこで私は、想像以上に速く目標を設定し、達成するために使えるアイデアがたくさん詰まった12章からなる280ページの本（『ゴール――最速で成果が上がる21ステップ』〔絶版〕）を書きました。

しかし、ここで必要なのは、前述したシンプルなシステムです。このシステムは、私の人生を永遠に変え、そして私のセミナーに参加した100万人以上の人たちの人生を変えたものです。非常にシンプルで簡単、確実に機能するシステムです。

目標を達成するには、実証済みの次の3つの手順に沿ってください。

まず、スパイラルノートまたはメモ帳を用意し、ページの上部に「目標」という文字と今日の日付を書きます。

次に、前向きで、個人的な今の目標を10個書き出します。必要に応じて、10個以上の目標を書くこともできますが、ここでは、頭に浮かんだ最初の10個の目標を選んで書き留めることに集中してください。これらの目標は石に刻まれているわけではありません。変更できることを忘れないでください。時間の経過とともに、必要に応じて追加、削除、書き換え、または再定義することができます。

次に、最も重要な目標を選択します。次の質問を自分に問いかけてください。

「リストに書かれているどの目標が24時間以内に達成したら自分の人生に最も大きなプラスの影響を与えるだろうか」

通常、この質問をするとすぐに答えが頭をもたげるでしょう。それはあなたの一番大きな問題を解決してくれるものである上に、あなたの最も強い願望を叶えてくれるものです。答えが何であれ、この決断は、他のどの目標よりもあなたの人生の質を向上させてくれます。その目標に丸をつけましょう。

第3に、「**20の回答法**」を行います。新しいページを開き、一番上に「20の回答法」と書きましょう。「私の最も重要な目標を達成するために、今日から何ができるだろう」と自分に問いかけてください。

そして、この質問の答えを少なくとも20個書くように自分を律します。20個以上書くこともできますが、少なくとも20個は書かないといけません。

初めてこれに取り組むときは、これまでに行った中で最も難しいエクササイズと感じるでしょう。イライラしてやめたくなるかもしれません。しかし、これはあなたが最も重要な目標を達成することを真剣に考えているかどうかを知るための大きなテストです。このテストには合否があって、あなたの任務は合格することです。

私はこのエクササイズを何年にもわたって、コーチングクラスの際にクライアントやセミナーの参加者に何度も行ってきました。そして、20番目の回答が、人生の転機になることが多い点には驚かされてきました。

しかし、その前の19個の回答を書き続ける規律と決意がなければ、20番目の回答に到達することはできないでしょう。場合によっては、20番目の回答によって、長年にわたって取り組んできた問題が解決されることもあります。多くの場合、数カ月、数年にわたる大変な作業を解決したり、節約したりすることができます。

私のパーソナルコーチングプログラム

2001年に、私は年収10万ドル（約1500万円）以上の事業主に年間のパーソナルコーチングプログラムを提供し始めました。

1年間のやりとりの第1タームとなる4日間の初日、私は学校で配られるようなスパイラルノートを1人ひとりに手渡して、「さあ、これがあなたの新しい親友です」と言いました。

さらに、「目標設定に関する私の指示に従うだけで……（実際、私たちはその1年の間で、50以上の他のビジネスエクササイズを実施したのですが）あなたは収入を倍にし、休暇も倍にすることができるでしょう」と続けました。全員が例外なく、そのとおりの結果を得ました。ほとんどは、12カ月ではなく、最初の1カ月でその結果を得ることができました。

目標を設定する

私のパーソナルコーチングプログラムで実践したのと同じエクササイズをやりましょう。

まず、スパイラルノートを手に入れてください。最初のページの上部に今日の日付を書きます。

次に、今後12カ月以内に達成したい10個の目標を書き出します。短期的な目標は長期的な目標よりも明確に見えるため、モチベーションが高まります。10年または20年の目標を立てることもできますが、この演習では、来年までに達成したい10個の目標だけを書き留めます。

これらの目標は、「3つのP」を使用して、特別な方法で書きます。つまり、すでに達成されたかのように、現在形（present tense）で、前向き（positive）に、個人的（personal）なものとして記されなければなりません。

あなたの潜在意識と超意識は、現在形で書かれない限り、命令を受け入れてはくれません。「この金額を**稼ぐでしょう**」と書く代わりに、「この日までにこの金額を**稼いでいます**」と書きます。**ポジティブな書き方**を意識してください。「私は自分自身と家族と一緒に、4000平方フィート（約372平方メートル）の美しい家に住んでいます」など、ポジティブなイメージを書き留めましょう。

目標について考えたり話したりするときは、常に「私」という言葉を使用してください。あなたの潜在意識と超意識は、**文字どおり働きます**。それらは、あなたの目標の最もシンプルな定義に基づいて作業に取り掛かるでしょう。

エクササイズ

毎日スパイラルノートを取り出し、前日のことは忘れて、現在の上位10個の目標を現在形で書き出すことから始めます。これを30日間、毎日行うよう自分を律してください。

これを続けることによって、収入を2倍、3倍に増やした人もいます。私は、コーチングのクライアントにもこのエクササイズを教えて、彼らの収入を2倍、休暇も2倍にすることに成功しました。このエクササイズは失敗することはありません。

14

時間管理の法則
――タイムマネジメントの質が人生の質を左右する

「時間管理の法則」においては、タイムマネジメントの質が人生の質を決定します。

つまり、毎日の分数や時間数をどのように投資または費やすかによって人生の質が決まるのです。事前に1日の計画を立て、自分を律して取り組み始め、継続し、最も重要なタスクを粘り強く完了すると、高い生産性の習慣が身につきます。

その結果、あなたの人生の扉が開かれます。あなたはより大きくて重要な仕事を引き寄せ、より多くのお金を受け取るでしょう。私は聖書の次の言葉が大好きです。

「よい忠実な僕《しもべ》よ、よくやった。あなたはわずかなものでも忠実であったから、わたしはあなたに多くのものを管理させよう」（『マタイによる福音書』25章23節）。

人生は旅である

人生の旅を始めるとき、ほとんどの人が時間は思う存分あるものの、お金はほとんどないという状況にあるでしょう。

あなたの人生における目標は、その比率を変えて、年月が経つにつれてより多くのお金を手にできるようにすることです。最終的には、十分なお金を手に入れて、本当に楽しめることをもっとできるようになるでしょう。

お金のことを心配しなくてもいいほどの十分なお金を持つことの最大の利点は、**自由**を得られることです。自分自身や家族のために何を望むかを自由に選択できるようになります。レストランに行って、メニュー右側の金額欄とお腹の空き具合を天秤にかけながら注文しなくて済むようになります。

1000パーセントの方程式とは

収入を10倍にするためのシンプルで実証済みの実践的な方法があります。私はこれを何千人もの人たちに教えてきましたが、効果がないと言われたことはありません。

どうすれば収入を10倍に増やすことができるかですって？　**複利計算**の力を使うのです。1カ月あたり2パーセントほど生産性を上げます。これは毎日事前に計画を立てるだけでいいので、誰でもできることです。すると、12カ月後にはパフォーマンスとアウトプットを25パーセントも向上させることができます。

複利計算を活用して毎月2パーセントずつパフォーマンスと結果を向上させると、2年7カ月後には収入が2倍になります。複利計算を使用して生産性を月あたり2パーセント、年あたり25パーセント向上させ続けると、10年後には収入が1004パーセント増加します。

数年前、私がシアトルでセミナーを行っていたときのことです。以前教えていた生徒のクリスが満面の笑みで私に近づいてきて、「あなたの1000パーセント方程式は機能しない」と言ってきました。私は彼に「どうしてだ?」と尋ねました。

彼は、「あなたから教えてもらってから、その教えを毎日行ったけど、10年もかからなかったよ。たったの6年しか、かからなかった。今年、6年前の収入の10倍になったよ」と言ったのです。

1000パーセント方程式には、次の7つのステップがあります。

1 毎朝6時までには起きます。これは、自力で大富豪や億万長者になった人にはよく見られる習慣です。

2 60分間、教育的な、インスピレーション、またはモチベーションを高める書籍を読みます。1日1時間に換算すると、1週間に1冊、1年に50冊の本になります。これだけで収入は10倍になります。

3 スパイラルノートに、上位10個の目標を現在形で書き出します。毎日目標を設定する習慣は、10年後には収入を10倍に増加させてくれます。

4 事前に毎日の計画を立てます。リストを作成し、タスクの優先順位を設定し、最も重要なタスクに着手します。

5　何かを決断したり経験したりした後は、次の2つの質問を自分に問いかけてください。①「自分の行動は正しかったか」②「次回はどのような方法を採るか」。継続的に改善を模索してください。

6　車の中で教育用の音声プログラムを聴きましょう。運転時間を学習時間に変えるのです。あなたの車を車輪のついた大学に変えましょう。

7　出会う人を全員、まるで100万ドルの顧客であるかのように扱ってください。まず、毎朝家族を相手にそういう態度で向き合いましょう。

これら7つの行動を毎日実践してください。あなたの生産性と価値が大幅に向上することに驚くでしょう。複利計算の奇跡で、あなたはすぐにあなたの分野で最も高収入を得ている人になるでしょう。現在の収入の10倍を稼ぐことができたら、今と何が違うか考えてみてください。

そのカエルを食べてしまえ！

以前、私は『カエルを食べてしまえ！』（三笠書房知的生き方文庫）という時間管理に関する本を書きました。

この本は世界的なベストセラーとなり、54カ国で数百万部売れました。この本で述べた教訓が、「あなたは私の人生を変えた。私をお金持ちにしてくれた」と私が言われる主な理由です。

この本がこれだけ支持されるのは、1000パーセントの方程式に代表されるように、最初から最後まで、より短い時間でより多くのことを成し遂げるためにすぐに使えるシンプルで実践的な原則が述べられているからです。

やらなければならないことのリストを作ろう

時間と生活をコントロールするために実践し始める最もよい方法は、おそらくやらなければならないことをすべてリストにすることでしょう。1日の終わりに、翌日やらなければならないことのリストを作成します。翌日やるべきことのリストを作成せずに1日を終えないでください。

モチベーショナルスピーカーで作家のデニス・ウェイトリーは、「あなたの想像力は、人生にこれから訪れる魅力的な出来事の予告編です」と言っています。毎日作成するリストも同様です。

1日を過ごす中で、新たな仕事や責任が発生するでしょう。しかし、気が散る前に、それらをリストに書き留めてください。

新しいタスクを他のタスクの横に書き留めます。

それはより重要ですか。

そうでない場合は、リストにある最も重要なタスクを完了するために作業を続けてください。

集中力と専念を鍛えましょう。あなたの将来が危険にさらされています。気が散らないようにしましょう。

エクササイズ

1分1秒を大切にすると肝に銘じましょう。働くべき時間はずっと働きましょう。遊んではいけません。時間を無駄にしないでください。あなたの上司がそばに座ってあなたを見ていると思ってください。上司がそこにいたらやるであろうことを、1日中やりましょう。

15

3つの仕事の法則——不要なタスクを効率的にこなしてはならない

最も価値のある仕事を選び、それにひたむきに集中する能力が、あなたの収入と成功を左右するでしょう。

コーチングやコンサルティングの仕事をする中で気づいたことですが、多くのクライアントが、やるべきことが多すぎて時間が足りないことに悩むようでした。「3つの仕事の法則」は、この悩みを即座に解決してくれます。その効力は、そのシンプルさにあります。その日のうちにより多く、よりよい結果を得るのに手を貸してくれるものです。

この法則は、1日または1週間でしなければならないことをすべてリストにすると、大体20~30のタスク数になるというものです。しかし、これらのタスクのうち重要なものは3つだけです。この3つこそ、次の日または次の週に持ち越してもいいものの価値の90パーセントを占めているのです。

どのタスクが最も重要なのか?

リストの各項目を見て、「1カ月間留守をするとして、その前に取り掛かって終わらせるとしたら、自分と自分の会社に最大の価値をもたらすタスクはどれだろうか」という質問を投げかけてみてください。

たいていの場合、答えはすぐに思い浮かぶでしょう。通常、それは非常に明確です。それは、あなた自身とあなたの仕事に最も価値ある貢献をもたらす唯一のものです。半面、これは最も先延ばしにしがちなタスクでもあります。

次に、「1カ月間留守をする前に、このリストにある2つのことしか実行できないとしたら、2番目に価値のあるタスクはどれだろうか」と問いかけます。

そして最後に、「このリストの中で3つのことしかできないとしたら、3番目に価値のあるタスクはどれだろうか」と自問してください。

何千人もの起業家、営業の専門家、実業家たちを対象にこの「3つの仕事の法則」の演習を実践してみたところ、選択されたこの3つのタスクが、ビジネスに貢献する価値の90パーセント、収入の90パーセント、そして続く数週間、数カ月後のあなたの成功の90パーセントを占めることがわかりました。それ以外のことは、すべて時間の無駄といっても過言ではありません。

経営学者のピーター・ドラッカーはかつてこう言いました。

「絶対にやるべきではないことを、効率的に行うことほど無駄なことはない」

とにかくすぐに始めよう

「3つの仕事の法則」を自分のものにできると、翌朝仕事を始めるときには、すぐに1番目のタスクに取り組み、それが完了するまでノンストップで取り組むように自分を律することができるようになるでしょう。

事前に1日の計画を繰り返し立て、朝一番に最も重要なタスクに取り組み、そのタスクが完了するまで自分を律して働き続けるようになります。すると、生産性が5倍、または10倍まではいかないにしても、少なくとも2倍、3倍に上がるでしょう。

この法則の実行は、始めは難しいかもしれませんが、そのテクニックをこなすにつれてどんどん簡単になっていきます。ゲーテは「何事も、簡単になる前は難しいものだ」と言いました。間もなくあなたも最も重要な仕事に着手し、それが完了するまでやり続けることを楽しめるようになります。そして、あなたの生産性は爆発的に高まるのです。

エクササイズ

いつも先延ばしにしてしまうタスクを1つ選んでください。これは開始を遅らせたり、簡単に言い訳をして終わらせるのを先延ばしにしたりしているタスクです。これからは、習慣になるまでゲーム感覚で、最も重要なタスクを開始して完了するようにしましょう。

16

創造性の法則——自分の潜在能力を疑ってはいけない

「創造性の法則」は、あなたが潜在的な天才であるというものです。あなたの心の力を使えば、解決できない問題も、達成できない目標もありません。

世界的に著名な脳力開発研究家のデニス・ウェイトリーはかつてこう言いました。「人には、100回の人生で使い切れる以上の可能性がある」

よいアイデアが1つあるだけで、一財産を築くことができます。アマゾンの創業者で会長のジェフ・ベゾスは、自宅のガレージで本を割引価格で販売するというアイデアを思いつきました。彼はオンラインで人気の書籍を30パーセントオフで宣伝し、注文を受けてから出版社に発送してもらいました。現在、アマゾンは300万点以上の商品を販売し、ジェフ・ベゾスは世界で最も裕福な人物の1人です。

脳には**ニューロン**と呼ばれる細胞が1000億個以上あり、相互に約1兆個の接続を形成しています。かなり多くの思考だと思いませんか。

時々、私は「**シュワルツェネッガー効果**」と呼ぶものを教えることがあります。アーノルド・シュワルツェネッガーの隆起した筋肉は、もって生まれたものではありません。何年もの間、何千時間もの時間をかけてバーベルを持ち上げてあの筋肉を手に入れたことは言うまでもありません。彼は今でも毎日ワークアウトしているようです。

同様に、あなたの脳にも無限の可能性があります。しかし、その可能性を最大限に発揮するには、継続的に訓練を施す必要があります。筋肉を成長させるためには筋肉にストレスをかける必要があるのと同じように、問題を解決し、意思決定をし、目標を達成する能力という最も強力な資源を最大限に活用するには、脳にもストレスをかける必要があります。

覚えておいてください。一財産を築き、金持ちになるために必要なのはたった1つのよいアイデアだけです。

ビジネス、売り上げ、収益性におけるすべての進歩は、誰かが現在サービスを受けているよりも優れたサービスを提供する方法を思いついたときに起こります。これを私は「ＥＲ《エフェクティブネスレシオ》（効果比率）**要素**」と呼んでいます。創造性を解き放てば、よりよく、速く、安く、そして簡単にサービスを提供する方法を見つけることができます。顧客は常に、最小限の支払いで最大限のものを望むものです。

あなたがすべきことは、生まれ持った才能を活かして、競合相手よりも速く、安く、より多くの人によい結果をもたらすことです。

ブレインストーミングとマインドストーミング

数え切れないほど多くの企業を富ませてきたブレインストーミングは、秩序だった環境で数人を集めて、特定の問題を解決したり、特定の企業目標を達成したりするためのアイデアを生み出す行為です。

ブレインストーミングのセッションでの目的は、問題や目標について問題提起をし、15分などの特定の時間内に質問に答えたり目標を達成したりするためにできるだけ多くのアイデアを生み出すことです。

そのときに出たアイデアは、演習の最後に、アイデアを生み出した人以外の人たちによって評価されます。これは、そのアイデアがよいかどうかの判断に、誰のエゴも関与されないことを保証するために行われるものです。

一方、**マインドストーミング**とは、自分でアイデアを生み出す行為です。やり方は簡単です。

「どうすれば今後6カ月以内に自分の収入を50パーセント増やすことができるか」といった具体的な問題を、紙の一番上に書きます。

次に、問題の答えを少なくとも20個書くように自分を律します。最初の3〜5つの答えはすぐに出てくるでしょう。あれやこれやと考え、導き出します。

次の5つはさらに難しくなります。精神的なダンベルを持ち上げないと出てこないかもしれません。

最後の10問は非常に難しいでしょう。頭が真っ白になってしまうこともよくあります。諦めたくなるでしょう。しかし、これはあなたがどれだけ目標を望んでいるかを知るためのテストでもあります。

創造性を刺激するために、「4つの質問方法」を使用してもいいでしょう。

1　何をもっとすべきか
2　何をもっと減らすべきか
3　今日やっていないことで始めるべきことは何か
4　何を完全にやめるべきか

最後に、行動をしないと意味がないことを覚えておいてください。これらの質問を投げかける目的は、質問をしなければ取らなかったと思われる行動を取るようにすることに他ならないからです。

エクササイズ

ストレス、心配、または欲求不満の原因となっている目標またはプロセスを1つ選んでください。それを明確に書き留めて、目標を達成するため、またはプロセスを簡素化するためにできるだけ多くのアイデアを

生み出しましょう。

創造性を継続的に発揮して、生活と仕事の質を向上させてください。

あなたは潜在的な天才であることを忘れないでください。それを書き留めることによって、自分の可能性が現実味を帯び始めるでしょう。

17

交換の法則

自分の価値を高めない作業は他人に任せる

「交換の法則」によれば、お金は、人が自分の労働を他人の商品やサービスと交換する際の媒介手段です。

お金が登場する前は、物々交換制度がまかり通っていました。人はお金を介さずに、自分の商品やサービスを他人の商品やサービスと直接交換していました。

文明が発達し、物々交換が不便になるにつれ、人は自分の商品やサービスを、コインなどの皆で使用できる媒介手段、つまりお金に交換し、そのお金を使って他人の商品やサービスと交換するようになりました。

これにより、全体のプロセスがより効率的になりました。今日、私たちは働きに行き、仕事をお金に交換し、そのお金で他の人が作り上げた仕事の対価を購入するようになりました。

「交換の法則」の第1の教えによると、お金は人が商品やサービスに置く**価値**によって測られるとあります。

何かの価値は、人が支払う金額によってのみ決まります。商品やサービスには、誰かが喜んで支払う金額がつかない限り何の価値もありません。したがって、すべての価値は**主観的なもの**であり、購入のときの購入予定者の考え、感情、態度、意見に基づいています。

「交換の法則」の第2の教えは、あなたの労働は、他者から見れば、生産要素またはコストとして捉えられるというものです。

私たちは皆、汗水流してこなした自分の仕事を特別なものと考える傾向にあります。なぜなら、それは非常に個人的なものだからです。それは私たち自身から生まれ、私たちがどのような人間であるかの表現でもあります。しかし、他人からしたら、私たちの労働は単なる価格です。賢い消費者として、雇用主として、あるいは顧客として、私たちは誰の労働が関わっていようと、最小限のコストで最大の価値を求めます。

そのため、自分の仕事に客観的な価格を自分で設定することはできません。競争市場の中で、他人があなたの仕事に対してどれだけ支払う気があるかによってのみ、あなたがどれだけ稼ぎ、金銭的にどれだけの価値があるかが決まるのです。あなたの貢献の価値を高めれば、あなたの上司は自発的にあなたにもっと多くのお金を払うでしょう。あなたを失って置き換えたくないからです。

「交換の法則」の第3の教えは、あなたが稼ぐお金の量が、他者があなたの貢献に払う価値の尺度であるというものです。

労働市場の仕組みはシンプルです。報酬は常に次の3つの要素に比例して支払われます。

1　あなたが手掛ける仕事
2　仕事の出来
3　あなたの代わりを探すことの難しさ

あなたに支払われる金額は、あなたの貢献度と質を他の人のそれと比較したときに、あなたの貢献に対する価値の評価と比例します。

「交換の法則」の第4の教えは、お金は動機ではなく結果であるというものです。商品やサービスの価値に対するあなたの仕事や貢献が動機であり、あなたが受け取る賃金や給与、そして収入が結果です。

結果を多くしたいのなら、動機を増やす必要があります。そしてこれは主にあなたのコントロール下にあります。

「交換の法則」の第5の教えは、得られるお金の量を増やすには、取り組んでいる仕事の価値を高めなければならないというものです。

より多くのお金を稼ぐには、より多くの価値を追加する必要があります。あなたの努力によって、もっと知識やスキルを増やし、仕事の習慣を改善し、より長く、より過酷な労働時間で働くのです。より創造的に働くか、大きな影響力と結果を得るために何かをしなければなりません。

場合によっては、これらすべてのことを同時に行う必要があります。私たちの社会で最も高給取りの人たちは、1つ、あるいは複数の分野で継続的に向上し、自分の仕事にさらなる付加価値を加えている人たちです。

エクササイズ

前出の「20の回答法」（101ページ）を使用して、あなたの収入を決める人にとってのあなたの価値を高めるためにできることを20個以上リストアップしてみましょう。

そのあと、上司と面談し、一緒にリストを確認してください。上司に、あなたのリストから3つ選んでもらい、価値を高めるために違ったやり方で行うか、より多く取り組むことができる項目を選んでもらいましょう。この簡単な演習で、あなたのキャリアの方向性は変わるかもしれません。

18

資本の法則――自分が貢献できることに時間と資源を集中する

「資本の法則」は、キャッシュフローの観点からいって、あなたの最も価値ある資産は、あなたの身体的および精神的な資本、つまり稼ぐ能力であるというものです。仕事に取り組み始めるときに投資しなければならないのは、通常これだけです。

すでに裕福でない限り、あなたの**働く能力**は、あなたが持っている最も価値のある資産であることさえ気づいていないかもしれません。稼ぐ能力を最大限に活用することで、毎年もしくは毎月数千ドルをあなたの生活にもたらすことができます。自分の稼ぐ能力を価値ある商品やサービスの生産に応用することで、人生で望むすべてのものを支払うのに十分なお金を生み出すことができるのです。あなたが今日受け取っている金額は、あなたがこれまでにどれだけ稼ぐ能力を開発してきたかを直接示すものです。

「資本の法則」の第1の教えは、最も貴重な資源は**時間**であるとしています。あなたが売るべきものは、本当のところあなたの時間のみです。どれだけの時間を費やし、その時間にどれだけ自分自身を投じるかによって、収入を得る能力は大きく決まります。行き届いていない時間管理は、アメリカのあらゆる産業における生産性と成績不振の主な原因の1つです。あらゆる分野で働く管理職と従業員双方にとって最も大きな問題でもあります。

「資本の法則」の第2の教えは、時間とお金は**使うことも投資することもできる**というものです。

時間とお金はある程度互換性があります。使ってしまうと永遠に消えてしまうものです。取り戻すことはできません。それらは、あなたの人生において**埋没コスト**となってしまいます。

一方で、時間とお金を投資することもでき、その場合は継続的に利益が得られます。より知識を深め、スキルを高めることに時間を投資すれば、自分の価値を高めることができます。自分自身や他人のために結果を出す能力を高めることで、稼ぐ能力と個人のキャッシュフローが上がり、場合によってはキャリア全体が加速していきます。

3パーセントの投資を実践する

あなたができる最も賢いことの1つに、重要なタスクがレベルアップするよう毎月の収入の少なくとも3パーセント以上を個人、あるいは職業上の成長に投資することです。さらに言えば、収入の5〜10パーセントを自分自身に投資しましょう。なぜなら、スキルの向上は、あなたの人生のパワーを何倍にも倍増させるために必須だからです。自分の仕事をますます向上させるために自分に投資した金額は、5倍、10倍、場合によっては20倍になって戻ってきます。

あなたの稼ぐ能力をさらに高めるために、時間とお金を再投資することほど、より大きなリターンをもたらすものはありません。裕福で成功した人は皆、遅かれ早かれこのことを学びますが、貧しい人や不幸な人は今でもそれに気づかずにいます。

「資本の法則」の第3の教えは、時間とお金の最もよい投資先の1つが、稼ぐ能力を**高めること**であるというものです。

企業の戦略計画（ストラテジックプランニング）の目的は、自己資本利益率（ROE）を向上させます。これは、企業が投資した金額に対してどれだけの収益を上げているかを指します。ROE、そしてさらによいのは投資利益率（ROI）が株価を決定し、会社の将来を大きく左右します。

戦略計画には、企業がこれまでよりも高い投資利益率を上げられるように、企業活動を整理および再編成することが必要です。

仕事において、あなたの個人的なROEやROIは、あなたの精神的・感情的な資本、すなわち**人生のリターン（ROL）**です。あなたの仕事は、自分の人的資本から可能な限り高いリターンを得ることと、人生の中で仕事に費やした**エネルギーのリターン**を増やすことです。

あなたの仕事の中で最も価値の高い時間の使い方をしているものを特定してください。最も重要な成果を達成するために最も大きな貢献をしている活動に、より多くの時間を集中させてください。エネルギーのリターンを増やす方法を継続的に探しましょう。

エクササイズ

15番目の「3つの仕事の法則」で得た結果をもう一度確認しましょう。ビジネスの価値の90パーセントを占めるこれら3つのタスクに焦点を当てましょう。低価値のタスクにどれだけ時間を費やしても、それがあなたの価値を高めることにはなりません。さらに悪いことに、低価値または無価値のタスクに費やす毎分が、あなたをより価値のある仕事や生活の質を向上させるタスクから遠ざけてしまいます。

19

時間軸の法則——長期的な視野は意思決定の質を高める

「時間軸の法則」によれば、どの社会においても最も成功している人は、日々の意思決定を行う際に最も長い目で時間を捉える人たちです。

どのような分野でも高い地位の人ほど、時間的視野や期間は長くなります。社会的および経済的に最も高いレベルにいる人たちは、多くの年月が経ってから、時には自分の生涯を通じても利益が出ないような決定や犠牲を決断します。彼らは、自分が座ることのない未来の木陰をつくるために木を植えるのです。

長期的な視野を持つ人は、成功を達成する前に長い間、その代償を払う覚悟があります。彼らは、自分の経済的な選択や決定がもたらす結果を、5年後、10年後、15年後、場合によっては20年後に何を意味するのかという観点で考えます。

貧しい人は、短いスパンで物事を考えます。彼らは目先の満足感に重きを置き、長い目で見たらほぼ確実に借金や貧困、負債につながる金銭行為に始終するのです。

結果を考えて行動しよう

自分の行動が長期的にどのような結果をもたらす可能性があるかという観点で自分の行動を考え始めるようになると、社会的にも経済的にも上昇し始めます。長期的に考え始め、将来の目標や野心を念頭に置きながら経済生活や優先順位を整理し始めると、意思決定の質が向上し、生活はすぐによい方へと転がり始めます。これが、長期的な目標が非常に重要である理由です。「時間軸の法則」の第1の教えは、**満足を遅らせること**が経済的成功の鍵であるというものです。

長期的により大きな報酬を享受できるように、自己コントロール、自制心、自己犠牲を実践する能力を身につけて短期的に犠牲を払うことは、長期的な視点を養うための出発点です。この資質は、どのような経済的成果にも必須です。

この法則の第2の教えは、長期的な成功を確実にするためには、**自己規律**が最も重要な資質であるというものです。

自己規律は何年も前に作家のエルバート・ハバードによって、「やりたいと思うかどうかに関係なく、やるべきときにやるべきことを自分にさせる能力」と定義されました。

やりたいことは誰でもできます。問題は、やりたくないことです。やりたくなくてもやるように自分に強いると、成功につながる人格の強さが開発されます。

成功の代償を事前に支払い、設定した目標を達成するまでその代償を支払い続けるように自分を律する能力こそが、勝利を収めた人間の真の証です。

「時間軸の法則」の第3の教えは、短期的な犠牲は長期的な保証のために支払う代償であるというものです。

ここでのキーワードは「**犠牲**」です。楽しくて簡単なことをしたいという誘惑に抗い、難しくて必要なことに着手するよう自分を律することができるようになったとき、あなたは将来のよりよい生活をほぼ確実に保証されたといってもいいくらいの性格を手に入れています。

成功哲学の提唱者であるナポレオン・ヒルは次のように書きました。

「炭素が鋼《はがね》の存続に不可欠であるように、粘り強さも人格に不可欠である」

粘り強さは、自己規律の実践です。

たとえば、テレビ。これはあなたをお金持ちにも貧乏にもします。自分を律してテレビのチャンネルを選んで見ることができれば、その他の時間を仕事や家族に費やすことができて生活も豊かになるでしょう。しかし、ほとんどの人がそうであるように、一晩に5～6時間テレビを視聴するような生活を送っていると貧乏になってしまいます。テレビはなるべく消しましょう。

時間とお金を無駄に社交したりテレビを見たりして浪費するのではなく、自分自身を向上させるために継続的に投資すれば、運が見方をしてくれます。あなたは事実上、将来を約束されたようなものです。

エクササイズ

今日やる行動のうち、やめるものを1つ選びましょう。

そして、その代わりにあなたの人生にプラスの変化をもたらす他のことに時間を使ってみてください。

今すぐに取り組み、しっかりとやり遂げればあなたの人生に大きな影響を与える活動を1つ選ぶのです。

20

貯蓄の法則——収入の1割を貯金に回し続ければ経済的自由が手に入る

「貯蓄の法則」は、生涯を通じて収入の10パーセント以上を貯蓄した人には経済的自由が与えられるというものです。自力で億万長者になったW・クレメント・ストーンはかつてこう言いました。

「お金を貯めることができないなら、成功の種はあなたの中にはない」

あなたができる最も賢いことの1つに、給料が支払われるたびに給料の一部を貯蓄する習慣を身につけることです。個人、家族、さらには社会さえも、貯蓄率が高いほど安定し、豊かになります。今日の貯蓄は、明日の安心と可能性を約束するものです。

今日、資本主義のプラス面とマイナス面についてかなりの議論が飛び交っています。簡単に言えば、資本主義は貯蓄主義と言い換えてもいいでしょう。

貯蓄する人は、たとえそれが銀行にお金を預ける子どもであっても、資本家になり得ます。稼いだものをすべて使うことを控え、その代わり将来もっとお金を稼ぐためにお金を投資する方法を模索することで、あなたは資本家、つまり資本を持つ人に生まれ変わります。

すべての資本の源である利益は、未来のコストです。利益のないところに未来はありません。お金を節約し、それを再投資してさらに稼ぐ能力を高めると、あなたは経済の将来を左右する資本家に変貌することができます。

自分にお金を払おう

「貯蓄の法則」の第1の教えは、アメリカの作家ジョージ・S・クレイソンによる1926年の古典『バビロンでいちばんの大金持ち』（サンマーク出版）からの抜粋です。

「まずは自分にお金を払おう」というものです。

今日から、収入の10パーセントから貯蓄し、決して手をつけないようにしましょう。これは長期的な経済的蓄積のための資金であり、将来の経済的保証以外の目的で使用してはいけません。

注目すべきことは、最初に自分にお金を払い、残りの90パーセントで生活するように自分を律すると、すぐに貯蓄する習慣が身につくということです。あなたはそれに慣れて、残りの90パーセントで快適に暮らせるようになるでしょう。10パーセントを節約できない場合は、5パーセントから始めてください。しかし、貯蓄は始めましょう。

多くの人は、収入の10パーセントを貯蓄することから始め、その後15パーセント、20パーセント、さらにはそれ以上の貯蓄をしていきます。その結果、彼らの経済生活は劇的に変化します。あなたもそうなるでしょう。

アメリカの往年のラジオパーソナリティで作家であるアール・ナイチンゲールは、「チャンスが来たのにその準備ができていなければ、愚か者に見えるだけだ」という言葉を残しました。

「貯蓄の法則」の第2の教えは、税金の繰り延べ貯蓄や投資計画を活用しなさいというものです。

アメリカでは、税金がかからずに貯蓄または投資されたお金は、課税対象のお金よりも30~40パーセントの速さで蓄積されます。これは税金が高いためです。

企業年金や退職金制度に投資するのがおススメです。アメリカでは401(k)プラン(米国確定拠出年金)、IRA(個人退職口座)、法人企業の従業員または自営業の人のための繰り延べ課税年金計画のキオー・プラン、税引き後のお金を拠出する制度のRoth IRA、教育普通預金口座、新株予約権のストックオプション、または米国内国歳入庁(IRS)によって経済的な蓄積の長期非課税が承認されている他のものに投資しましょう。

資金の蓄えが増えてきたら、優れたファイナンシャルアドバイザーをリサーチして見つけ、賢明な財務決定をするためのガイダンスを受けましょう。

とりあえず、本日より収入の10パーセントを貯蓄することから始めるといいでしょう。この目的のために特別口座を開き、毎月の家賃や住宅ローンの支払いと同じように扱います。それらは任意ではありません。

借金を抱えていて、今の自分にとって10パーセントは多すぎる場合は、収入の1パーセントを貯蓄し、残りの99パーセントで生活することから始めましょう。

収入の99パーセントで十分な生活ができるようになったら、貯蓄率を2パーセントに増やしてください。1年ほどで、お金に関するまったく新しい習慣が身についているはずです。いずれは、ストレスや不自由を感じることなく、収入の10、15、さらには20パーセントまで貯蓄率を高めることができるようになります。

エクササイズ

今すぐ銀行に行き、金銭的自由を貯蓄するための口座を開設してください。この日以降、この口座にお金を貯めるあらゆる機会を探します。この口座のお金は、慎重に選んだ投資にのみ使用してください。この口座が膨らむにつれて、あなたの人生にますます多くのお金が引き寄せられるようになります。

21

維持の法則——いくら稼ぐかより、いくら残すかが将来を決める

「維持の法則」とは、未来のお金の有無を決定づけるのは、どれだけ稼いだかではなく、どれだけ貯めることができたかであるというものです。

多くの人が人生で多額のお金を稼ぎます。たまに彼らは、特に好況時には、思っていた以上に収入を得ることもあります。

あなたがどれだけうまくやっているかの真の尺度は、稼いだ額のうちどれだけを手元に残せるかです。成功者は、定期的に多額のお金を貯蓄し、好況時に借金を返済する習慣があるので、経済やビジネスが低迷したときに備えて蓄えを持っています。

今日のあなたの本当の純資産を計算してみましょう。すべての資産のリストを作成し、それらをすぐに現金化する必要がある場合、即売で実際に売却できる金

額で評価してください。

自分の所有物の価値を評価するときは、ごまかしてはいけません。すべての請求書、クレジットカードの残高、そして住宅ローンを合算し、資産から差し引いて今日の純資産を計算します。もし外国に引っ越しをするとして、実際に持っていくのがその金額に当たるでしょう。

次に、その純資産を得るためにつぎ込んだ年数を数え、それで割ります。結果は、生活費を差し引いた後の、年間で実際に稼いだ正味の額です。

その結果に満足していますか。もし満足していないなら、今日から何か行動を起こしましょう。

エクササイズ

毎年働いたあとに手元に残る金額は、先にも触れましたが「人生のリターン（ＲＯＬ）」と呼ばれます。これは、1年間の仕事の純利益です。

あなたのＲＯＬ額はいくらでしょうか。

将来どれくらいの額になってほしいですか。
その目標を達成するためにすぐに実行できることは何でしょう。

22

パーキンソンの法則——支出は収入に応じて増えていく

「パーキンソンの法則」によれば、仕事の量は、完成のために与えられた時間をすべて満たすまで膨張するとあります。

「パーキンソンの法則」は、政府および個人の生活における成長と浪費に関する最もよく知られた重要な法則の1つです。これはイギリスの歴史・政治学者のシリル・ノースコート・パーキンソンによって何年も前に考案されたもので、多くの政府がなぜ政府活動に莫大な費用と時間がかかるのかを説明したものでもあります。

時間をかけて、「パーキンソンの法則」は社会の多くの分野、特に金融分野に適用されるようになりました。最もシンプルな応用は、支出は収入に見合って増加するというものです。

またこの法則は、どれだけお金を稼いだとしても、人は全額を使い果たすだけでなく、それを少し上回って使う傾向にあるとも述べています。支出が収入に比例して増加してしまうのです。今日、多くの人が最初の仕事で得ていた収入の数倍もの収入を稼いでいることでしょう。しかし、どういうわけか、彼らは自分たちの現在のライフスタイルを維持するために最後の小銭まで必要としているようです。どれだけ稼ごうと、十分ではないのです。

「パーキンソンの法則」の第1の教えは、経済的自立はパーキンソンの法則を破ることから得られるというものです。

稼いだものをすべて使い果たしてしまいたいという強烈な衝動に抵抗するだけの十分な意志を手に入れた場合にのみ、お金を貯めて群衆の中で頭角を現すことができるのです。

「パーキンソンの法則」の第2の教えは、支出が収入よりも緩やかに増加することを許容し、その差額を貯蓄または投資に回すことができれば、働いている間に経済的に自立できるというものです。

ここが重要な鍵です。収入の増加とライフスタイルの支出の増加の間に亀裂を生じさせ、その差額を貯蓄して投資することができれば、より多くのお金を稼ぎながらライフスタイルを改善し続けることができます。

「パーキンソンの法則」を意識的に破るようにすることで、最終的には経済的に自立できるようになるのです。これを実行しなければ、自立することは不可能でしょう。

今この瞬間から、何らかの収入源で収入が増加したら、50パーセントは貯蓄して投資すると心に決めましょう。それでも、増加分の50パーセントは残りますから、そちらは自由に使えます。

エクササイズ

現在の正確な収入を計算しましょう。これからは、たとえば100ドルなどと金額が増えたら、貯蓄用の口座に半分の50ドルを貯金してください。

残った金額をライフスタイルの改善にあてましょう。仕事に費やす残りの人生の中で収入の増加があった場合は、50パーセント以上を貯蓄し、決して使わないと決めましょう。

23

3つの金融法則——貯蓄・保険・投資の割合を常に一定に保つ

経済的自由を達成するためには、3本の柱があります。

貯蓄、保険、そして投資です。

あなた自身とあなたを頼る人たちに対して、あなたが果たすべき責任の1つは、時間をかけて自分の周りに経済的な要塞を構築することです。あなたがすべきことは、ほとんどの人が経験する経済的不安から身を守ることができる財産を築くことです。

この目標を達成するには、貯蓄、保険、投資の3つの分野で、財務の適切なバランスを維持する必要があります。

「3つの金融法則」の最初の教えは、予期せぬ事態から自分を完全に守るためには、通常の出費の2～6カ月分に相当する現金化しやすい資産が必要であるというものです。

あなたの最初のお金の目標は、最も大きな収入源を6カ月間失ったとしても、その期間を持ち越すだけの十分なお金を貯蓄することです。

この金額を貯め、それを高利回りの普通預金口座やマネーマーケット口座に預けるという行為自体が大きな自信となり、心の平穏を育みます。お金を蓄えているという安心感が、次の給料日や食料品の支払いを心配している状態に比べて、はるかに前向きで有能な人間にしてくれるでしょう。

前払いの費用は十分に

「3つの金融法則」の第2の教えは、銀行口座から支払うことができない緊急事態に備えて十分な保険に加入しなければならないというものです。

支払うことができない緊急事態に備えて、自分の身を守るために常に十分な生命保険に加入してください。また、自分自身と家族に医療上の緊急事態が発生した場合に治療できるように、十分な健康保険に加入しましょう。車に乗る場合は、責任保険と衝突保険にも加入を。あなたの人生に何か不幸なことが起こった場合に備え、あなたを頼りにしている人たちに必要なものが提供されるよう十分な保険をかけることが大切です。

おそらく人間の本能の最も深い欲求または渇望は、**安心**を手に入れることです。適切な保険に入っていなければ、支払うことが不可能なリスクを負うことになってしまいます。

多くの人は、保険はカジノで遊ぶような**ギャンブル**だと考えています。彼らに何かが起こって保険金を回収できれば、彼らの勝ち、と。反対に、彼らに予期せぬ問題が起きない場合は、保険に賭けたお金を失ったものと考えます。どちらも間違っています。保険は単なる**前払いの費用**です。長期間徴収せずに支払い続けることになるかもしれませんが、保険料を徴収する必要がある場合には、経済的に救われます。決して、健康保険や住宅保険、そして生命保険を安くあげようとしないでください。

学びの期間は決して終わらない

この法則の第3の教えでは、最終的なお金の目標は、投資のリターンが仕事で稼ぐ金額を上回るまで資本を蓄積することだと述べています。

あなたの人生は大きく3つに分けることができます。

ただ、この3つの要素は重なる傾向があります。まず、成長して教育を受ける、**学ぶ期間**があります。次に、およそ20歳から65歳までの**稼ぐ期間**です。そして、ついに誰もが待ち望む引退後の生活です。平均寿命も80歳に近づき、さらに伸びる傾向にあります。

しかし、今日の急速に変化するテクノロジー社会では、知識やスキルはかつてないほど速く廃れてしまいます。生き残って価値を高めるには、学ぶ期間のあともさらなる学びの期間があり、そのあとも学びの期間が続くと考える必要があります。

競争の激しいレースに参加しているようなものです。もしペースを緩めれば、他のもっと野心的な人たちにすぐに追い抜かれてしまいます。そして一度遅れをとってしまうと、二度と追いつけない可能性があります。

すべての財務計画の中で最もシンプルで効果的なのは、仕事で稼ぐ以上の利益を投資によって得られるまで、生涯を通じてお金を節約し投資することです。これが実現したら、通常の仕事を段階的に退き、お金の管理に時間を費やすことができるでしょう。

シンプルな人生設計のストラテジーのように見えますが、実際にはそれを実行する人が非常に少ないこと、ほとんど蓄えを持たずに65歳を迎える人がいかに多いかという事実には驚かされます。

現在の利率は4パーセント（編注・原著執筆時点）です。これは、あなたの目標が貯蓄の4パーセントで快適に引退できるようになることを意味します。この割合であれば、資金が尽きることはありません。

エクササイズ

今日、投資口座に引退後の20年間を快適に暮らせるだけの額を積み立てる目標を設定しましょう。気持ちよく退職するために必要な金額を正確に決定し、書き留めて、計画を立て始めましょう。

24

投資と複利の法則

――複利を信じて低リスクの投資をする

「投資と複利の法則」は、投資する前に調査しましょう、という教えでもあります。これはお金に関する最も重要な法則の1つです。少なくとも、特定の投資に投じる資金を稼ぐのと同じくらいの時間を、その投資の研究に費やす必要があります。投資はゆっくり取り組みましょう。

急いでお金を手放さないでください。あなたはそれを得るために一生懸命働いた上に、蓄積にも多くの時間を費やしました。コミットする前に、あらゆる面からその投資を十分に調査してください。詳細は隅々まですべて開示してもらいましょう。いかなる種類の投資であれ、偽りのない正確かつ適切な情報を要求することが大切です。

少しでも疑問や不安がある場合は、お金を失うリスクを冒したり、あれこれ思いをめぐらせたりする前に、銀行やマネーマーケットの投資口座に預けておいた方がましかもしれません。

投資の前にはデューデリジェンスを行う

このレベルの調査は、多くの場合、**デューデリジェンス**と呼ばれます。投資をする前にデューデリジェンスを怠ったことは、私がこれまで犯した中で最も大きな過ちでした。このプロセスでは、あなたともう1人が、投資に関するすべての主張を確認し、再確認することが求められます。

どんな投資でも**致命的な欠陥**を探すことです。もっと言えば、重要な事柄に関する主な記述は虚偽、あるいは部分的に虚偽であるという姿勢で挑みましょう。虚偽の情報は、故意である場合もあれば、偶然である場合もあります。でも、どちらであろうと関係ありません。確認とダブルチェックを念入りにしましょう。証拠なしに、何も仮定してはいけません。

ビジネスと科学における最も強力な思考ツールの1つに、「**否定仮説**」と呼ばれるものがあります。たとえば、ビジネスチャンスの場合、「これはよい取引または投資である」と肯定仮説を立てるでしょう。その後、たいていの人はこれを裏付けるためのあらゆる証拠を探します。しかし、これはおススメしません。

代わりに、否定仮説を立てて反対の見方をするのです。肯定仮説が真実ではない証拠、つまり「これはよい投資話ではない」という証拠を探ってみましょう。

たとえば、重力の法則を考えてみましょう。肯定仮説は、「物は下に落ちる」というものです。否定仮説は「物は上に落ちる」というものです。否定仮説を証明できない場合は、肯定仮説が成立します。これが科学的手法の基礎です。

あいにく、今日の科学論争の多くは、専門家が肯定仮説に夢中になり、それを証明することに専念するあまり、自分たちが信じることと矛盾する証拠を無視することによって引き起こされているものだといっていいでしょう。

鉄則——お金は失ってはいけない

経済紙では、毎週何らかの大規模な投資を計画している企業に関する記事が掲載されています。ほとんどの場合、「取引が完了するまでにデューデリジェンスには6カ月かそれ以上かかることが予想される」といった文言が並びます。なぜなら、金融専門家の多くは、自分の資金にも他人の資金にも慎重だからです。

「投資と複利の法則」の第1の教えは、「お金に関して簡単なのは、失うことだけ」というものです。肯定仮説は、否定仮説が証明できた場合にのみ成立します。

競争率の高い市場でお金を稼ぐのは難しいことですが、お金を失うのはとても**簡単**なことです。「お金を稼ぐことは釘で穴を掘るようなものであり、お金を失うことは砂に水を注ぐようなもの」ということわざがあるくらいです。

「投資と複利の法則」の第2の教えは、「**お金は失ってはいけない**」というものです。

私の友人であり、プロの投資アドバイザーであるフィル・タウンは、2007年にこのテーマに関する著書『週15分の株式投資で大金持ちになる！ ルールno．1投資法』（アスペクト）を出版しました。彼は、お金を失う可能性のあるものには、そもそも手を出さないようにと言っています。

この原則は非常に大事であるため、書き留め、毎日、目に入るところに置いてください。そして、何度も読み返しましょう。**お金は失ってはいけません。**これだけを守れば、いつかお金持ちになれるでしょう。

お金を自分の人生の一部であるかのように考えましょう。貯蓄や投資のために一定の金額を生み出すには、人生のうちの一定の時間、数週間、さらには数年を要します。その時間はかけがえのないものです。それは永遠になくなってしまうあなたの大切な人生の一部です。お金を持ち続けるだけであったとしても、それを失うのと比べればそれだけで経済的な安定を確実に達成できます。ですから、お金は絶対失わないでください。

「投資と複利の法則」の第3の教えは、多少の損失は許容できると思うなら、結局大損することになるというものです。

自分は十分なお金を持っているから、多少失うリスクを冒しても大丈夫だと考える人の態度には、特徴があります。「愚か者は大金を手にしてもすぐに失う」という古いことわざを覚えていますか。これには、付随する別の格言があります。「経験のある男が金のある男に出会ったとき、金のある男は最終的には経験を手にし、経験のある男は最終的には金を手にすることになる」というものです。

「将来の投資を100パーセント失ったらどうなる」と常に自問してください。カジノで摩《す》る人のように、貯めたお金を100パーセント失う人たちが毎日います。そのようなことに、あなたは耐えられますか。無理なら、始めからそういったお金の投資はしないでください。

「投資と複利の法則」の第4の教えは、自分の資金で成功を収めた実績のある専門家にのみ投資すべきであるというものです。

リスクを劇的に減らすためにも、あなたの目的は過去に成功した実績のある人にのみ投資することです。また、彼らも同じようにそれに投資する場合にのみ投資しましょう。**お金は失ってはいけません。**誘惑に駆られたときは、このルールを思い出して、自分が持っているものを堅持する決意をしてください。

さらに、あなたが完全に理解し、信じているものにのみ投資してください。自らのアドバイスを実践して経済的に成功している人からのみ投資のアドバイスを受けるべきです。

株式市場に投資するつもりなら、最良の投資はインデックスファンドです。これらは、S&P（スタンダード・アンド・プアーズ）のすべてのファンドを横断的に購入するファンドです。インデックスファンドが特定の産業、たとえばハイテク業界の株式の横断的なセクションを購入することもあります。過去80年間、アメリカの証券取引所の株価の平均増加率は11パーセントとなっています。インデックスファンドはプロの投資運用者の80パーセントを上回るパフォーマンスを示しています。

複利の法則は宇宙で最も強いちから

お金を投資し、複利で成長させれば、最終的にお金持ちになれます。

複利は人類の歴史と経済学の偉大な奇跡の1つであると考えられています。それは宇宙で最も強い力、世界の8番目の不思議と呼ばれています。十分な期間にわたって複利でお金を貯めていくと、お金は想像以上に増え、最終的にはお金持ちになれます。

自力で億万長者になったウォーレン・バフェットは、成功の秘訣はシンプルだと言っています。アメリカの株式市場の優良企業に投資し、複利を信頼することだと。彼のファンド、バークシャー・ハサウェイの累積リターンは、2022年時点で125万パーセントを超えています。

複利の計算方法を学ぼう

72の法則（金融商品に投資する際に、金利の複利効果により元本を2倍にする場合の投資期間を概算で求めるための法則）を使えば、任意の利率や成長率でお金が倍になるまでの期間を簡単に計算することができます。単に受け取っている利率で72を割るだけです。たとえば、投資で8パーセントの利率を受け取っている場合、72を8で割ると9になります。これは、8パーセントの金利でお金を2倍にするのに9年かかることを意味します。

「複利の法則」の教えによれば、複利の鍵はお金を預けて決して手をつけないことというものです。

お金を貯め始めて増え始めたら、いかなる理由があっても決してそのお金に触れたり、使ったりしてはいけません。使ってしまうと複利の力が失われ、たとえ今日少額しか使わなかったとしても、あとで莫大な額になる可能性のあるものを放棄することになります。

長期運用できるお金は忍耐強いお金

今のビジネスを始めるとき、私は口座を開設するために地元の銀行を訪れました。そのとき、銀行員の方が、決して忘れることのない話をしてくれました。

「我々銀行員の主な取引相手は、経営者や起業家です。どんな顧客が問題を起こすか、すぐ見分けることができます。自分は十分に成功したと思い、大きな家、別荘、または大きな船を買うために手持ちの現金をすべて使い果たしてしまおうとする人です。案の定、彼のビジネスは悪化し始め、支払いができなくなります。ビジネスが破綻した場合は、それをすべて失うことにもなりかねません」

それから彼は、この話の教訓を私に語ってくれました。

「もしその彼が働き続けて蓄えをもっと貯めていたら、2年以内に彼はやりたいことは何でもできたはずです」

私は何年もの間、彼のアドバイスに従い続けました。その結果、彼の言ったことが真実であることが判明しました。

十分に早く始めて、十分に継続的に投資し、決して資金を使い果たさず、複利の奇跡に頼ることができたら、あなたは金持ちになれます。平均的な収入を得ている平均的な人が、21歳から65歳まで毎月100ドルを投資し、その間に10パーセント複利で運用した場合、純資産111万8000ドル（約1億6800万円）を貯蓄して退職することができるでしょう！

今すぐ始めよう

毎月の投資口座を開設し、5年間、10年間、あるいは20年間の固定額を投資することにコミットしましょう。投資信託や投資商品を豊富に取り揃えている企業を選び、月々そして年々お金を動かし続けることが重要です。信頼できる人から適切な助言を得て、複利の力でお金を増やし続けてください。資本家（生きた資本を持っている人）になった途端、あなたは裕福になる道を歩み始めるでしょう。

エクササイズ1

あなたが過去に犯した投資面での間違いリストを作成しましょう。それぞれの項目の隣の欄に、あなたが学んだ最も重要な教訓を書き留めます。このリストを定期的に確認してください。書き留めておかないと、また同じ間違いを犯す危険があります。

エクササイズ2

証券会社に投資口座を開設し、優良な投資信託やインデックスファンドの株を購入して始めましょう。お金は預け、お金を増やす以外には決して引き出さないようにしましょう。あなたの気持ちはすぐに変わるでしょう。非常にポジティブな方法で、あなたは生まれ変わります。

25

蓄積の法則——小さく始めて慣性を利かせる

「蓄積の法則」によれば、お金のすごい成果は、誰も見たり評価したりしない、数百もの小さな努力や犠牲の積み重ねにあります。

経済的自立を達成するには、膨大な数の小さな努力が必要です。蓄積の道を歩み始めるには、規律と粘り強さが必要です。長い間、それを継続しなければなりません。

最初は、ほとんど変化や違いは見られないでしょう。しかし、徐々にあなたの努力は実を結び始めます。そして、あなたは仲間よりも頭角を現すようになります。財務状況は改善され、借金はなくなります。銀行口座の額は増加し、生活全体が向上するでしょう。

「蓄積の法則」の第1の教えは、貯蓄が増えるにつれて、勢いがつき、より迅速に財務目標に向かって進むことができるようになるというものです。

財産を蓄積するプログラムを始めるのは難しいですが、一度始めると続けるのが楽になることに気づくでしょう。「勢いの原則」は、成功の大きな秘密の1つです。この原則によると、最初の慣性と自己規律、そして財務蓄積に対する抵抗を乗り越えるには、非常に大きなエネルギーが必要です。しかし、一度実施し始めると、続けるのに必要なエネルギーははるかに少なくて済みます。すぐにそれは自動的にできる簡単なものになるでしょう。

慣性の法則を利かせる

慣性の概念は、ニュートンの運動の第1法則によって説明され、米航空宇宙局（NASA）はこの法則を次のように簡潔に定義しました。

「外力の作用によってその状態を変更することを強いられない限り、すべての物体は静止しているか、直線上で等速運動を続ける。この変化に抵抗する傾向は、運動状態では慣性が働く」

よく言われることですが、動いている物体は、外部からの力が作用しない限り、動きを続ける傾向にあると定められています。つまり、静止している物体は、外部からの力が作用しない限り、静止したままでいる傾向があります。

それでは、あなたが経済的に成功するという場合の力の作用は何でしょう。それはあなたの心、つまりあなたの考え、欲望、習慣、そして日常生活です。その力は完全に自分自身の中にあり、自分のコントロール下にあります。自分自身の考えで自分が自分に課した限界を取り除けば、達成できることには限界はありません。

最初は小さく始める

「蓄積の法則」の第2の教えは、「ヤード（約91・44センチ）単位では難しいが、インチ（約2・54センチ）単位では何でも容易になる」というものです。

収入の10パーセントまたは20パーセントを貯蓄しようと考え始めた途端、すぐにそれが不可能な理由をあれこれ考えるでしょう。あなたは多額の借金を抱えているかもしれません。稼いだお金をすべて生活の維持に使っているかもしれません。

このような状況にいる場合でも解決策はあります。先述したとおり、収入のほんの1パーセントを、手を出さない特別口座に貯蓄し始めましょう。毎晩帰宅したら、大きな瓶に小銭を入れ始めてもいいでしょう。瓶がいっぱいになったら、それを銀行に持って行き、特別口座に追加してください。何かを売って余分なお金が得られたり、古い借金が返済されたりしたら、あるいは予期せぬボーナスが支払われたら、使う代わりに特別口座に入れましょう。

この特別口座は神聖なものです。一方向にしかお金が流れない口座です。この口座にお金を入金した後は、支出ではなく投資のみに使用します。車や家を購入したい場合は、別の口座を開設しましょう。

引き寄せの法則

これらの少額のお金は、驚くほどの速度で貯まり始めます。口座にお金を入れるたびに、引き寄せの法則のエネルギーが高まるでしょう。口座を成長させるお金やアイデア、人やチャンスを引き寄せ始めます。

1パーセントの節約に慣れてきたら、2パーセント、3パーセント、4パーセントと増やしていきます。1年以内に借金を返済し、ライフスタイルに影響を与えることなく、収入の10、15、さらには20パーセントを貯蓄できるようになるでしょう。

さらに驚くべきことが起こるでしょう。お金について継続的により賢く考えるようになっているので、あなたはお金をもっと稼ぎ始め、日常的にますますお金を稼ぐチャンスを引き寄せるようになります。先述したように、**あなたはあなたが考えているとおりになる**からです。自分は内面で豊かな人間だと思えるようになると、外側でも豊かな人になっていきます。

エクササイズ

長期的に考えましょう。特別口座を開き、お金を貯めていきます。新

しい、よりよい習慣を身につけて、惰性を打ち破りましょう。

自分のお金が、願望や希望や意見によってではなく、法則によってどれだけ速く増えるかに喜び、驚かされることでしょう。

26

磁力の法則――引き寄せるお金が多いほどお金は増える

「磁力の法則」に従えば、あなたの人生に引き寄せるお金が多ければ多いほど、さらに多くのお金を引き寄せることができるでしょう。

この法則は歴史を通じ、富を築く主な理由の1つです。人生のあらゆる分野――中でも、金融の分野――における成功と失敗の多くを説明するものです。お金は愛され、尊敬されるところに集まります。お金に対してよりポジティブな感情を持てば持つほど、より多くのお金を最も驚くべき予期せぬところから引き寄せることになります。

お金に関する「磁力の法則」の第1の教えは、繁栄の意識は、お金を磁石に鉄くずが引き寄せられるように引き寄せるというものです。

だからこそ、状況に関係なく、お金を貯め始めることが非常に重要です。ほんの数枚のコインを貯金箱に入れることから始めましょう。少額からでも貯金を始めてください。そのお金は、あなたの欲望と希望の感情によって磁力を帯び、想像以上の速さでさらに多くのお金を引き寄せ始めます。

「磁力の法則」の第2の教えは、お金を稼ぐにはお金が必要であるというものです。

お金を貯め始めると、より多くのお金と、さらに多くのお金を稼ぐチャンスがあなたの人生に引き寄せられ始めます。同時に、無意識のレベルで、お金について賢くなり始めます。今まで見えなかったお金を稼ぐチャンスが見えてきます。だからこそ、たとえ少額からでも貯金を始めることが大切です。何が起こり始めるかに驚くことでしょう。

心にお金の思考を植え付けよう

毎日、毎週、そして毎月ごとに時間をかけて自分の財務状況を振り返り、より賢く財務を展開する方法を探してください。経済的蓄積やお金儲けに関する文章を定期的に読み、お金に関する本を毎月少なくとも1冊は読みましょう。

そして、メモを取りましょう。紙に書いて考えましょう！

書き留められていない、すぐに形にすることのないアイデアや知識は、広い部屋に充満するタバコの煙のようなものです。すぐに消えてしまいます。

お金のことを賢く考えるのに時間をかければかけるほど、よりよい意思決定ができるようになり、より多くのお金について考えなければならないようになります。貯蓄や投資について考えれば考えるほど、より多くのお金があなたの人生に引き寄せられるようになるでしょう。

エクササイズ

駆け出しの頃はほとんど何も持っていなかったのに、あなたは今では経済的に自立しています。あなたのどのような行動により、そうなったのでしょう。

どうやってここまで到達しましたか。

これから取るべき最初のステップは何でしょう。
どうやって考え方を変えましたか。
答えがどのようなものであっても、自分自身を律してすぐに行動を起こしてください。

27

加速の法則――「すごい成果」の裏には止められない資質が潜む

「加速の法則」に従えば、経済的自立に向けての進みが速ければ速いほど、その経済的自立もあなたに向かって速く近づいてきます。より多くのお金を貯めて、成果を収めれば、さまざまな方向からより多くのお金とすごい成果がより速くあなたに向かってくるようになるでしょう。

今日、経済的に成功しているすべての人は、初めての本当のチャンスや大きな成功をつかむ前に、非常に一生懸命働いた経験があります。その努力は、時には何年も続いたでしょう。

しかし、その後は次から次へと、あらゆる方面からチャンスが彼らに押し寄せてきたのです。実際、成功した人たちが抱える主な問題の1つは、あらゆるところから押し寄せてくる機会をうまくさばくことです。あまりにたくさんの話が舞い込んでくるからです。あなたにも同じことが起こるでしょう。

「加速の法則」の第1の教えは、成功の80パーセントは、投資した時間や努力の最後の20パーセントから得られるというものです。

長期的にお金を増やすには、忍耐を要します。だからこそ、ほとんどの人は40歳や50歳より前に、あるいはそれ以降でも、経済的に大きな成功を収めることはありません。正しいタイミングで適切な機会を見極め、それを活かすための知識とスキルを身につけるためにはそれくらいの年月がかかるのです。

企業、キャリア、またはプロジェクトに投資した時間とお金のうち、最初の80パーセント分で達成できる成功は、全体のわずか20パーセントに過ぎないようです。残りの80パーセントの成功は、投資した時間、お金、そして努力の最後の20パーセントで達成されるでしょう。

非常に多くの人が自分のビジネスやキャリアに何年も投資し、その後、大きな成功を収める直前にやめたり売却したりするのは驚くべきことであり、あまりにもよく見られる光景です。

だからこそ、多くの成功者が忍耐と粘り強さが重要な資質であると指摘するのです。彼らは、自分がどれだけ落胆しても決して諦めなかったことが最終的な成功につながったと考えています。

止まることを知らない存在になろう

以前、とある会合で経営者や営業の専門家などを含む大勢の聴衆と話す機会があったときに、私は彼らに次のことを尋ねました。

「競争の激しいビジネスの世界で成功するために必要な、最も重要な資質は何だと思いますか」

しばらくしてから、私は彼らに答えを言いました。

「それは、**止まることを知らない**資質です。これは、つまりあなたに何が起ころうとも、絶対に諦めないとあらかじめ心に決めるということです」

「では、この資質はどのようにして培われるのでしょう」とさらに彼らに尋ねます。「もうあなたは自分が考えているとおりになるということをすでに知っていますね。これは、実際自分に言う言葉に対しても同じことが言えます」

「では、自分自身に何という言葉を唱えればいいでしょう。次の魔法の言葉です。『私は止まることを知らない！　私は止まることを知らない！　私は止まることを知らない！』です」

「この言葉を何度も繰り返しましょう。この命令が、問題や困難、失望に対する自動的な反応となるまで深く深く掘り下げましょう。粘り強くなるように自分自身をプログラムします。**絶対に諦めない**と前もって心に決めましょう」

あなたは自分に教え込んだとおりの人間になる。

この人生を変えるアイデアを、適切なときに他の人と共有する機会を逃さないようにしましょう。特に子どもたちに対しては有効です。

どんなことがあっても、相手は心の奥では決して諦めないと自分は信じていると伝えてください。進むべき方向がうまくいっていない場合は、新しいことや違うことに挑戦するかもしれませんが、諦めるという考えは選択肢にあってはならないのです。

歴史上最も成功した投資信託の1つであるマゼラン・ファンドの元マネージャ

ー、ピーター・リンチは、「最もよい投資は、実を結ぶまでに時間がかかったものだった」と言っています。彼は、数年間価値が上がらない会社の株を頻繁に購入しました。

その後、株価は急上昇し、10倍や20倍になることもありました。この長期的な株式選びの戦略が、最終的に彼をアメリカで最も成功した、そして最も高給取りのファンドマネージャーの1人にしたのです。

エクササイズ

あなたの人生の中で、思っていたほど速く成功する兆しを見せない分野について考えましょう。それについて考えるたびに、「私は止まることを知らない！」という言葉を繰り返してください。

すぐに、それがあなたの自動的な反応、いわば「備えの姿勢」になるでしょう。

28

株式市場の法則——インデックス投資が最も安全である

株式の価値は、「株式市場の法則」に従い、株式からの総予想キャッシュフローを現在価値に割り引いたものです。

株式は、企業の所有権の一部を表します。これにより、株式の所有者は、利益、損失、株式の増加、価値の下落、経営の良し悪し、企業が生産および販売する製品やサービスに対する需要の増加または減少など、所有権のすべての利益とリスクを享受する権利が与えられます。

株式を購入するときは、一定の金額を投資し、その見返りが債券やマネーマーケットファンドなどの保証された投資で得られる収益を上回ることを期待して賭けることになります。

企業の将来も株式の価値も予測できないため、株式の購入は一種のギャンブルです。それらは、販売競争、技術、金利、経営の質、世界の出来事、天候など、無数の市場要因によって決定されます。

「株式市場の法則」の第1の教えは、強気と弱気の投資家は利益を得るが、欲張りな投資家は痛い目に遭うというものです。

これは、つまり、市場が上昇しているときに積極的に投資する人が儲かることを意味します。また、市場が下落しているときに空売りをして身を守る人もお金を儲けることができるでしょう。

しかし、市場で大儲けしようとする貪欲な人は、ほとんどの場合お金を失います。デイトレーダー（毎日欠かさず市場に出入りする人）の70パーセント以上が損失を出します。その多くはすべてを失ってしまいます。

「株式市場の法則」の第2の教えは、アメリカの株式市場への長期投資が長期的な経済的安定を達成する最良の方法の1つであるというものです。

この結論はアメリカの投資家ウォーレン・バフェット氏によるもので、彼のバークシャー・ハサウェイ株は先にも述べたようにファンドの存続期間にわたって125万パーセントを超える複利収益を達成しています。

投資から100万パーセントを超える利益が得られるのを想像できますか。これは、バフェット氏が長年にわたり自身の投資に対する見解に従うことで達成したことです。

米国市場で取引される株式の価値は、過去80年間で年間平均11パーセント増加しています。その結果、20歳で毎月100ドルを投資信託に投資し始めた人は、年平均10パーセント増加し、100万ドル（約1億5000万円）以上の純資産を得て引退することになります！

この法則の第3の教えは、**ドルコスト平均法**を取り入れれば、お金持ちになるというものです。

この結果が意味するのは、市場のベストなタイミングなど存在しないということです。あなたや他の誰にとっても、価格が低いときに株を**買い**、価格が高いときに株を**手放す**というようなことは事実上不可能です。価値があり評判の高い製品やサービスを販売する優良で堅実な企業の株を購入し、それを長期的に保有するのが常によい方法です。

コメディアンでユーモア作家のウィル・ロジャースはかつてこう言いました。

「ギャンブルはやめましょう。貯金をすべて崩してよい株を買って、上がるまで保有してから売りましょう。上がらないものは買わないことです」

第4の教えは、株式市場は専門家によって管理され、作られているというものです。これは、株の購入はすべて、他の誰かによるその株の売却を意味するということです。

株を買う人は株の価格が上がることに賭けています。株を売る人は株の価格が下がることに賭けています。したがって、株式の購入と売却はすべてゼロサムゲームであり、1人の人が自分の知恵と判断を、別の人のそれと賭けることになります。これらの人のほとんどは、この作業を毎週50～60時間行う専門家です。彼らには長年の経験があります。

この知識の不均衡のため、最も安全な選択肢は、指数全体の株式を代表するインデックスファンドに投資することです。インデックスファンドは、市場全体の平均的なトレンドに基づいて上下します。最も人気のあるインデックスファンドは「S&P 500」です。これは、長年にわたり、プロフェッショナルが運用するミューチュアルファンドの80パーセント以上を一貫して上回っています。

実際のところ、ほとんどの富は起業から生まれます。つまり、ビジネスを始めて構築することからです。それで裕福になったら、株式市場や収益を生む不動産にお金を投資するのです。

エクササイズ

今すぐ株式市場への投資を始めると決めましょう。まずは証券会社や銀行で購入できるインデックスファンドから始めましょう。最初の投資から、投資の世界についてはるかに意識が高まるでしょう。

29

マーケティングの法則——専門化・差別化・セグメンテーション・集中

「マーケティングの法則」とは、あなたがどんなビジネスに携わっていようとも、あなたは必ずマーケティングに携わることになるというものです。

ほとんどの富は、競争の激しい市場で製品やサービスを販売し、利益を上げ、それを何度も繰り返すビジネスや起業から生まれます。近年のアップル、アマゾン、マイクロソフトなど、今日最大かつ最も高い売り上げを誇る企業のいくつかは、それぞれ顧客によりよいサービスを提供しようとするアイデアから始まりました。

より多くのお金を稼ぐには、より多くのものを売らなければならないというのが成功を保証するシンプルな法則です。そのためには、マーケティングと営業に取り組む必要があります。

「マーケティングの法則」の第1の教えは、**営業をしない限り**、何も起こらないというものです。

営業には、次の3つの目標があります。

1　営業を行う

2　顧客が再度購入するよう細心のケアをする（すべてのビジネスの成功は、この2回目の営業にかかっています）

3　顧客が他の人にススメたくなるように、顧客へのサービスを非常によくする

売って、また売って、そしてその人の友達にも売るのが目標です。

成功するマーケティングの4つの柱

マーケティングミックスには4つの柱があります。これらはそれぞれ、売り上げを上げ、収益性の高い成功ビジネスを構築するために不可欠です。

マーケティングミックスの柱1――専門化

これは、顧客が誰であるか、顧客が何を望んでいるのか、ビジネスをめぐって誰と競合しているのか、そして顧客がなぜ他社ではなく自社の製品やサービスを購入するのかを明確にする能力を指します。あなたはどの分野を専門としていますか。競合他社と比べて、何が違い、優れているのでしょう。

マーケティングミックスの柱2――差別化

これはマーケティングミックスの最も重要な柱です。売上高と会社の成長、そしてビジネスの将来のすべての鍵となるものです。あなたの製品やサービスは、競合している他の製品やサービスとどのような点で異なり、優れており、勝っていますか。これは、「競争上の優位性」または「独自の販売提案」と呼ばれるものです。ゼネラル・エレクトリック（GE）の伝説的なCEOジャック・ウェルチ氏は、「競争優位性がない場合は、競争してはならない」と述べています。

顧客はそれぞれ、自分にとって最高の選択を最低価格で求めています。個人およびビジネスの目標を達成するのに役立つ最高の品質と実用性を兼ね備えたものを求めているのです。製品やサービスを販売できるかどうかは、あなたの製品やサービスが、競合他社のそれと何らかの点で異なり、優れていることを示す能力にかかっています。

マーケティングミックスの柱3――セグメンテーション

これは、市場を分割して、あなたの提供する商品やサービスを望む人たち、そしてその製品やサービスに対してお金を払う意欲のある人たちに、あなたの時間や広告費を集中させる方法を指します。競合他社の製品やサービスではなく、あなたの提供するものに焦点を当てることで、より効果的なマーケティングが可能になります。

マーケティングミックスの柱4――集中

これは、時間とお金をあなたの製品・サービスの特長や利点を、最も評価する可能性が高い顧客層に的確に集中させる能力です。競争の激しい市場で、あなたの製品にお金を支払う顧客に焦点を当てることで、より効率的なマーケティングを行うことができるようになります。

マーケティングミックスの4つの柱を明確に定義し、提示した価格で最も速く購入してくれる顧客にアピールすることに全力を注ぐ能力が、ビジネスでの成功の鍵となります。

エクササイズ

より多くの優良顧客に売り上げを増やすために、広告やプロモーションで具体的にどのような変更を加えたらいいでしょう。

あなたの製品やサービスが競合他社より優れているのはどういう点でしょう。理由を3つ挙げてください。

30

不動産の法則——適切な価格で、適切な条件で購入する

「不動産の法則」とは、不動産の価値は、その物件が将来生み出す収益力にあるというものです。

あらゆる不動産の価値は、その不動産が最も効果的で最適な用途に開発された際に生成される収益によって決まります。不動産は特定の所有者にとって感傷的な価値があるかもしれません。しかし、その価値は、将来の収益力、つまり誰かがそこから経済的に得られる金額に直接関係しているのです。

たとえば、砂漠のような荒れ地のごとく、将来収益力がないため、実際の価値がまったくない土地が世の中には何百万エーカーも存在します。そういった土地は、収入を生み出したり、宿泊施設を提供したり、人を満足させるために開発することはできません。

同様に、多くの大都市でも、成長と開発の波が去り、おそらく復興することがないため、不動産価値が下落している広大な地域が存在します。

賃貸料の収益力が低下し、それに伴い価値も下落してしまったために、購入したときよりも安い価格で住宅や不動産を売却したり、差し押さえで失ったりしている人たちが毎日絶えません。

「不動産の法則」の第1の教えは、お金を稼ぐのは不動産の購入時で、売却時にそれを実現するというものです。

これはとても重要です。正当な価格と適切な条件で不動産を購入すれば、それを売って利益を得ることができます。多くの人は、不動産をどのように購入したか、またいくらで購入したかに関係なく、不動産を売ればお金が儲かると思っています。これは本末転倒です。

複数の不動産を注意深く調査し、購入の案件を徹底的に準備すればするほど、後にその不動産を売却するときに利益を得られるような取引を行う可能性が高くなります。

「不動産の法則」の第2の教えは、不動産選びは、一にも二にも立地であるというものです。

どのような土地であっても、地球上にそのような土地が1つしか存在しないという点ではユニークに違いありません。優れた立地にある不動産を選択できるかどうかは、その不動産の将来の収益力に大きな影響を与えます。これは、あなたが下す不動産に関する他のどのような決定よりも大切なものです。

「不動産の法則」の第3の教えは、不動産の価値は主にその地域の一般的な経済活動、特に仕事の数と賃金の水準によって決まるというものです。

これは、投資または購入する住宅の地域やコミュニティを選択するときに非常に重要です。一般的に、資産価値は、人口増加率の3倍、インフレ率の2倍と比例して上昇します。急成長しているコミュニティで物件を購入すると、価値が平均以上に上昇することはほぼ確実です。

したがって、どの地域においても不動産の価値に影響を与える最も重要な要素は、新規事業の設立レベルと周辺地域の経済成長です。

不動産に複利を適用する

不動産で「複利の法則」を利用する最も一般的な方法の1つは、成長し拡大している大きな町や都市を見つけて、まだ成長途上の物件を購入することです。その都市から約8キロ離れた小さなコミュニティまで行き、家または土地を購入してください。毎月支払いを行い、固定資産税も最新のものを支払いましょう。可能であれば貸し出してください。「複利の法則」に基づいて不動産の価値は上がり、最終的には多額の価値が得られる可能性があります。

移民の驚くべきサクセスストーリー

私の友人は、英語を話すことができないまま、15歳のときに米国に移住してきました。彼は学校に入学し、学内のカフェテリアで働いて生計を立てていました。ある日、誰かが彼に、「不動産はこれ以上増えることはない」と言い、アメリカで経済的に成功する鍵は不動産を買って保有することだと教えてくれました。

彼はお金がほとんどなかったので、慎重でした。節約をし、毎年1軒の不動産を購入するという目標を立てました。成長途上にある小さな町を見つけ、少額の頭金と月々25ドル（約3800円）の支払いで最初の住宅用地を購入しました。

彼は働き続けてお金を節約し、時間が経つにつれて収入が少しずつ増えていきました。2年目には、もう少し高価な2軒目の不動産を購入しました。彼は支払い続ける努力を怠りませんでした。毎年、彼は自分の計画を守り、毎年1軒の不動産を購入し、余裕があればより大きな不動産を購入し、不動産に合わせて取引し、不動産投資に力を入れていきました。

20年経った頃に、彼は裕福になりました。大きさや価値の違う複数の不動産を所有していました。それから彼はすべての財産を統合させて現金に換え、主にクレジットとローンを使って3億5000万ドル（約525億円）のショッピングセンターを購入しました。さらに、人気の全国的フランチャイズチェーンを買収し、安定した利益を生み出しました。そのすごい成果と社会的地位により、大きな大学の学長にも抜擢されました。

彼は複利と長期的思考の力を実証したのです。あなたも同じことができます。

そしてそれは最初の投資から始まります。

不動産を購入したら修繕して価値を高める

今日、投資目的で不動産を購入すると心に決めましょう。不動産投資について学べる唯一の方法は、実際に所有者となり、その知識とスキルを活用して不動産の価値を高めることです。

「不動産の法則」の第4の教えは、「購入して修繕する」というものです。

不動産で裕福になるための最もいい方法の1つは、定評のある地域にある不動産、できれば住宅を購入し、その住宅をより魅力的で価値のあるものになるように修繕することです。支払っている住宅ローン以上の金額で貸すことができるようになります。

リサーチはしっかりしましょう。購入する前に近隣地域を調べてください。周辺を歩き回り、住民にその地域の住み心地を尋ねましょう。物件の致命的な欠陥を探します。憶測はダメです。不動産の売り手はできるだけ高い価格で売りたいと考えており、不動産の欠陥を軽視したり隠蔽したりするものです。1つの住宅に決める前に、複数の住宅を見て周りましょう。

次に話すのは実際に起きた本当の話です。

私の友人は、「購入して修繕する」という考え方で成果を出そうと、ニュージーランドから米国に移住してきました。彼はすでにオークランドでその方法で成功を収めていました。

彼は急速に成長しているアリゾナ州のフェニックスを、多くの住宅を所有するための理想的な都市として選びました。そして、この国に来たばかりであまりお金がなかった彼は、1軒目の住宅を購入する前に100軒ほどを見て回るという目標を立てたのです。

まず始めに、デューデリジェンスを行う際に確認すべき項目を記したチェックリストを作成しました。そして、見学したすべての家のチェックリストを慎重に検討しました。その上で、やっと最初の1軒となる家を購入したのです。

その間、彼は銀行に行き、自分の投資に加えて住宅ローンを組むためにいくら貸してもらえるかを調査しました。選んだ住宅の所有者が彼の申し出を受け入れる頃には、彼は売買契約を締結する準備を整えていました。

さらに、彼はその家をより魅力的にするためのチェックリストも用意しており、それを1つずつ実行していきました。

すぐにその家に引っ越した彼は、夕方と週末に改装工事を始めました。家と庭を修理するのに約6カ月をかけ、その結果、月々のローンを上回る金額で賃貸に出せるほど魅力的な家に生まれ変わりました。

その後10年間にわたり、彼は100軒以上の家を購入し、修繕し、貸し出し、月に数万ドルものキャッシュフローを生み出しました。最終的に、彼はキャッシュフローをアパートやその他の不動産に変えて、とても裕福になりました。

しかし、そんな彼も何もないところから始めたのです。

不動産を購入して修繕するこの方法は、多大な労力を要します。最初は失敗することもあるでしょう。しかし、それも最終的な成果のために支払う代償です。

この方法は、不動産で裕福になるための最も安全な方法の1つと言えます。リスクは非常に低く、リターンは大いに自分のコントロール下にあります。

エクササイズ

投資用の不動産を購入すると決めましょう。できれば引っ越し、住みながら修繕できる家を購入してください。億万長者プロデューサーであるロバート・G・アレンの著書『ナッシング・ダウン・フォー・ザ2000年代——不動産におけるダイナミックな新しい富の戦略』（未訳）はおススメです。その中で彼は、自宅を売って、頭金をその物件に対する第2の抵当として受け取って、新たな家を売ってくれる「モチベーションのある売主」を見つける方法について記しています。この考え方を参考にしてください。

31

テックの法則——AIとネットを使い倒す

「テックの法則」において、インターネットはお金、ビジネス、成功の大きな促進剤です。

1990年代後半のインターネットの大量普及を境に、世界は大きく変わりました。その持続的な影響は、すべてのビジネスや組織、そして人類全体の経験の軌道を根本的に変えました。

かつて、電話とファクスが2つの最も重要なビジネステクノロジーだった時代もありました。製品やサービスについて質問がある場合は、受話器を取って企業に電話をした時代です。さらに、注文したり、契約書に署名したり、何かを素早く文書化したい場合は、ファクスが必要でした。この時代は、よいマーケティングとホワイトページ（電話帳）に小さな広告を出すことで、潜在的な顧客からの購買意欲を引き出すことができました。

検索エンジンの時代

インターネットがAOL（アメリカ・オンライン）、CompuServe（コンピュサーブ）などのサービスで大規模に普及した後は、好奇心旺盛なユーザーたちは、質問への答えを得るために検索エンジンやウェブサイトにアクセスするようになりました。検索エンジンが購買意欲の受け手となったのです。

誰もが知っているように、検索エンジンの勢力争いに勝利したのはグーグルで、現在では西側諸国の購買意欲の大部分をコントロールしています。2022年のグーグル検索の売上高は約1620億ドル（約24兆円）で、これは全事業の60パーセント以上に相当します。実際、モバイルOSのアンドロイド、YouTube、その他のグーグル製品は、検索ビジネスを守るために作成または購入されているものです。

偉大な加速装置

インターネットは、より速い小型のプロセッサー、マスコラボレーションツール、そしてあらゆる目的に対応するより高度なソフトウェアによって、コンピュータ産業を加速し、強化しました。今、私たちは歴史の変わり目に直面しています。ヒトゲノムをマッピングし終え、宇宙も貪欲に探索した今、人工知能（AI）による次なる大きな革命の始まりに直面しています。

次に何が起こるかを予測することはできませんが、インターネットの法則を未来に向けた指針として理解することはできます。以下に、インターネットの法則の6つの教えを記します。あなたの成功と繁栄には、それぞれ不可欠なものです。「テックの法則」の第1の教えはそのオープンな性質です。インターネットは、さまざまな人、文化、哲学からの情報、知識、アイデアの自由な流れを可能にしました。

これは人類を啓発し、歴史的に前例のない方法で私たちの原則を均一化しました。今日では、検閲や誤情報、プロパガンダを通じて人々をコントロールすることが難しくなっています。

今は、ほとんどの国で、検閲されていない情報やニュース、そしてアイデアに無料でアクセスできます。このオープンな性質は、自由への——中でも最も重要な自由な思想への——先駆けです。

すごい成果のためには、新しい情報や急速に変化する状況、また新たなイノベーションにオープンでいなければなりません。「現代経営学」や「マネジメント」の発案で知られる著名な経営学者のピーター・ドラッカーは、「効率とは物事を正しく行うことであり、効果的であることは正しい行いを成すことである」と述べました。インターネットは、正しいものを特定するのに手を貸してくれる最強のツールです。

「テックの法則」の第2の教えはその透明性です。透明性を実践するには、アイデアを開発したらすぐに共有する必要があります。

この新しい時代には、よいアイデアがどこにでも転がっています。素晴らしいアイデアを思いついたと思っても、グーグルで検索すると、すでに世界中で広まっているのを見つけたりします。

だからこそ、実行の質が鍵となります。新しいアイデアについては可能な限り透明性を保ち、できるだけ速くフィードバックを得るように努めましょう。自分以外の賢い人たちにアイデアを競わせ、市場の熾烈な環境で鍛え上げることが重要です。

「テックの法則」の第3の教えはコラボレーションです。他の人とうまく協力する能力が、成果と報酬を倍増させる鍵となります。

今日のビジネスで成功するための重要な鍵は、他の人とうまく働く能力です。あなたの製品やサービスが機能したとしても、それはすでに時代遅れである可能性もあり、より速く、優れた、安価なものにすぐに置き換えられる可能性もあります。あなたが最も大切にしているアイデアが、すでに優れた製品に置き換えられているという心の準備は常にしておきましょう。

結局、自分1人では何もできないのです。しかし、それこそが今日のような時代を生きていることの素晴らしいところです。つながりやコミュニケーションを可能にしたり、協力したり、相談したりするツールが無数にあるからです。おそらく、あなたもこれらのツールのいくつかを毎日使用しているでしょう。

いつの時代も最も効果的な成功ツールの1つはマスターマインド原則です。ほとんどの大きな成功は、2人以上の人たちが定期的に集まり、アイデアを共有して生まれたものです。最も成功した起業家や自力で億万長者になった人たちも、実際は毎週何時間も他の人とアイデアを共有し、その地位を築き上げました。場合によっては、異なるビジネスに従事する人からの1つの質問や見解が、あなたを驚かせる画期的なアイデアにつながることもあるのです。

「テックの法則」の第4の教えはイノベーションです。イノベーションとは、顧客の観点から製品やサービスを改善する方法を継続的に模索する能力を指します。場合によっては、自社の製品やサービスを競合他社よりも魅力的にする1つの変更が、業界を変える画期的な進歩となることもあります。

今、起業家になるにはこれまでにない好機です。より高速なインターネット接続が普及するにつれ、インターネットとその補完技術はよりよく、速く、安価に進化し、アクセスも容易になっています。

この環境では、イノベーションは通常、迅速かつ安価に実現されます。午前中にアイデアを思いついて、午後にそれをテストすることができます。10年前は複雑で高価な製品やサービスも、今は100倍安くなり、1000倍速くなりました。

どれだけ迅速にドメインを登録し、Webサイトを構築して展開し、トランザクション処理と会計を備えた電子商取引をセットアップできるか考えてみてください。これらすべてのこと、さらにはそれ以上のことを、1日以内、100ドル未満でできてしまう時代なのです。

「テックの法則」の第5の教えは採用です。新しいアイデアを採用して適用するスピードは、他のどのような要素よりもあなたの成果を決定づけるでしょう。

新しいことに挑戦するには、古い技術を忘れ、新しいプラットフォームに飛び込む必要があります。これは決して心地いいものではありませんが、心地よくないということは、私たちが成長し、学んでいることの証拠です。

私たちは、新しい方法、技術、ビジネス創造の方法を採用する必要があります。毎日、自分の快適ゾーンの限界に挑み続けましょう。どれだけ古いツールに快適さを感じても、新しい技術を受け入れ、採用する必要があります。

「テックの法則」の第6の教えはコンテンツです。製品やサービスを説明するためのより面白い魅力的なコンテンツを開発する能力があれば、ビジネスで勝利を収めることができます。

今日ほどコンテンツの作成が簡単な時代はありません。写真やビデオ、ブログ投稿やツイートは、私たちがビジネスで重要だと考えることを世界に伝えるコミュニケーション手段です。コンテンツを作成する人には、誰でもオーディエンスが存在します。1980年代にカセットテープの音声プログラムの形でコンテンツを作成していた頃は、今日のこのような世界を想像できたでしょうか。私は音声プログラムを書籍に書き起こし、それをその後セミナー、ワークショップ、またはオンラインコースに作り変えました。

私は現在、55カ国語で90冊以上の本を出版しています。すべては1つの短い概要文から始まったのです。私のキャリアで積み重ねたコンテンツは、今でも私のビジネスを向上させてくれています。それぞれのコンテンツは、世界を包み込む巨大な網《メッシュ》のように他のコンテンツとリンクしています。すべては、顧客のニーズと結びつく1つの目安から始まるのです。

タイムリーでエバーグリーンなコンテンツを作成する

コンテンツ作成には、タイムリーなものとエバーグリーンなものの2種類があります。タイムリーなコンテンツは、現在の出来事やトレンドに沿ったものです。突然現れては消える意識の波に乗るもので、一般的に「ニュースのハイジャック」と呼ばれるものです。

もう1つのコンテンツはエバーグリーンなものです。冬でも緑を保つ松の木のように、このコンテンツには時代を超越した性質があり、現在だけでなく10年、20年、30年後でも意味を持つものです。

タイムリーなコンテンツよりも、エバーグリーンなコンテンツをより多く作成するようにしましょう。エバーグリーンなコンテンツは、ビジネスにとって価値が増す資産のように機能するからです。時間の経過とともにビジネスの価値を高めるだけでなく、ブランドの地位を高め、再利用できるオーガニックなマーケティング資産を提供してくれるでしょう。

AI革命と新しい動きに参加する

未来に目を向けると、ＡＩ革命が急速に近づいていることがわかります。インターネットと同様に、ＡＩプラットフォームの作成者はそのサービスを無料で提供しています。新しい高度なテクノロジーが複数のソースから無料で入手でき、誰でも簡単にアクセスできるようになると革命が起こります。

大手企業はすべて、既存のビジネスモデルを守るためにＡＩリソースを提供するでしょう。ＡＩは、私たちが予測したり把握したりできない方法で世界を変えていくでしょう。

ＡＩは一見、奇跡的なことを行うように見えますが、あなたや私のように思考することはできません。ＡＩから得られるアウトプットは、まだ私たちが提供するプロンプトに依存しています。

興味深いのは、専門分野の高度な理解があれば、知識豊富なオペレーターがＡＩを使用して驚くべきことを実行できることです。

コンピュータはタイプライター産業を一掃し、その力を世界中に分散させ、インターネットの発明と普及の基礎を築きました。今後、ＡＩは破壊をもたらすかもしれませんが、その灰の中から何が生まれるかを想像するのは本当にワクワクします。

エクササイズ

インターネットがあなたのビジネスライフを変えている３つの分野を特定しましょう。

次に、あなたの専門分野に抜きんでて、キャリアを次のレベルに引き上げるために必要な新しい必須スキルを習得するための計画を立てます。

また、自分のビジネスを形づくる新しい技術に対して、早期導入者《アーリーアダプター》になることをいとわないでください。

32

評判の法則――誠実・勇気・信頼を軽視するな

「評判の法則」において、人があなたについて言うことや考えることは、成功や失敗を決定する要因として、他のいかなるものと同じ、あるいはそれ以上に重要です。

あなたの評判はどのようなものでしょう。他の人はあなたのことを陰で何と言っていますか。あなたが雇うに値するか、ビジネスパートナーとしてふさわしいかどうか知りたいと思っている人に対して、他の人はあなたのことをどう説明するでしょう。

私たちの置かれている競争が激しく、忙しい社会では、これらは問うべき、そして答えるべき最も重要な質問の1つです。

何よりも、将来、あなたは自分の評判がどのようなものになってほしいですか。

その評判を築くために毎日何を行わなければなりませんか。

どんなときも偽ることはできない

「評判の法則」の第1の教えは誠実さです。これは、あなたがどれだけ正直であるか、そして「いつ」「どのように」約束したことを、そのとおりに実行できるかという点で、どれほど信頼されているかを測る指標です。これは、人があなたを雇用しようと思っているとき、あなたと一緒に投資を検討しているとき、ビジネスをするとき、はたまた友達になろうと思っているときでさえ、最初に尋ねる質問です。

「評判の法則」の第2の教えは勇気です。これは、あなたが信じることに対して立場を貫き、会社の目標を達成するためにリスクを取る能力を指します。イギリス首相を務めたウィンストン・チャーチルはかつてこう言いました。

「勇気こそ最も重要な美徳である。なぜなら、勇気を持たなければ、他のいかなる善行も一貫して行うことができないからだ」

「評判の法則」の第3の教えは、信頼性です。これは、他の人があなたに頼り、約束したとおり、かつ予定どおりに約束を履行することを絶対に信頼できることを意味します。ビジネスにおいて最も重要な能力は、信頼できる能力であるとよく言われます。上級幹部が最も重視するのは、タスクを任せたら、その後は全く心配せず、予定どおりに適切な品質で完了すると確信できる人物です。

映画監督のウディ・アレンは、「そこに姿を見せることで、成功の80パーセントは達成済みだ」という言葉で有名です。言い訳をせずに毎回時間を厳守するのは、たった2パーセントの人たちだけだそうです。皆、それが誰であるかを知っています。そういう人たちにはチャンスの扉が開かれます。あなたも同じ評判を築けば、同じようにチャンスの扉が開くでしょう。人事部は、面接に遅刻する人は絶対に採用しないという暗黙のルールがあるほどです。

「すべてが大事！」という言葉を忘れない

あなたが行うすべてのことは、積み重なるか、減るかのいずれかです。その間のものはありません。人生における主な役割の1つは、あなたが行うすべてのことが優れた人物としての評判を築き、作り上げることを確実にすることです。「評判の法則」の第4の教えは能力です。優れた仕事をすることで知られること以上にあなたの評判を高めるものはおそらくありません。最終的には、これは人があなたに対して抱く尊敬の度合いや、あなたが得る報酬の額、昇進や昇格の速度、そしてあなたの生活の質を大きく左右するでしょう。

これらの4つの分野で優れた評判を築く最大の見返りは、自分自身に対して素晴らしいという気持ちを持てることです。あなたは周りの人たちから称賛され、尊敬されるでしょう。より多くの報酬が支払われ、昇進も速くなります。あなたの評判については、「すべてが大事!」という言葉を覚えておいてください。

おそらく、あなたの才能と能力を最も強力に倍増させるのは、人があなたについてどう考え、話すかです。あなたの運命の鍵といっても過言ではありません。

エクササイズ

私生活やビジネスのあらゆる分野で、揺るがない優れた評判を築くと心に誓いましょう。あなたの評判を高め、豊かにするようなことをもっと行ってください。

毎日取り組めることの具体的なリストを作ります。たとえば、すべての会議に時間どおりに出席するといったことです。「すべてが大事！」であることを忘れないでください。

「お金」と「すごい成果」の法則――4つの鍵

「『お金』と『すごい成果』の法則」をあなたの人生に適用し始めませんか。手始めに取り掛かるべき4つのキーポイントをまとめました。

稼ぐ、貯める、出費をコントロールし、投資する

まず、**1つ目の鍵として、できるだけ多くのお金を稼ぐと決めること。**

自分の今いる分野で秀でるよう全力を尽くし、その仕事に対して非常に高い報酬を得るよう努めます。どのような分野でも、上位20パーセントの稼ぎ手がその分野で支払われる金額の80パーセントを稼いでいます。あなたもその上位20パーセントの一員になると心に決めましょう。

2つ目の鍵は、できる限り多くのお金を貯めること。長い目で見て重要なのは、稼いだ金額ではなく、貯めた金額であることを忘れないでください。

稼いだお金を使い果たし、さらにそれ以上をクレジットで支払うという、ほとんどの人が陥る悪い習慣とはおさらばしましょう。大多数の人は、どれだけ稼いでも、お金をばらまいたり、衝動的に使ったりして、結局、毎月無一文になってしまうのです。あなたは同じことをしてはいけません。

3つ目の鍵は、生活費を削減し、コントロールすること。何をするにも倹約できる部分を探してみましょう。高価な商品を購入するのは控えます。重要な購入の決定を1日、1週間、さらには1カ月間先延ばしにして、最終的にいい買い物ができるよう心がけましょう。裕福な人はお金とその支出にとても慎重です。

こうして彼らは裕福になってきたのです。

4つ目となる最後の鍵は、お金を慎重に投資して、できるだけ速く成長させること。ドルコスト平均法と組み合わせた複利が成せる奇跡のおかげで、毎月収入の10～20パーセントを貯蓄し、投資し続ければ、数年で裕福になることができるのです。

投資の黄金時代を生きるために

今、私たちは素晴らしい時代を生きています。今ほど、より多くを稼ぎ、貯蓄し、そしてより速くお金を増やすことができる時代はありません。あなたがすべきことは、多方面にわたるこの機会を最大限に活かすことです。

ゴールは、これらの法則を適用して経済的に成功し、現役時代に裕福になることです。あなたの幸運をお祈りします！

著訳者略歴

ブライアン・トレーシー（Brian Tracy）

ブライアン・トレーシー・インターナショナル会長兼CEO
高校を中退後、数年間肉体労働者として働き、20代半ばでセールスマンとなって、大企業のCOO（最高執行責任者）にまで上りつめる。22の企業・業界で働いた経験をもとに、1981年から全米各地で、講演やセミナーを通して成功の原則を教えるようになり、潜在能力の開発や自己研鑽の方法を世界84カ国500万人に指導してきた。『カエルを食べてしまえ！ 新版』（三笠書房知的生き方文庫）など90冊以上の著書、300以上のオーディオおよびビデオ学習プログラムがある。

狩野綾子（Ayako Karino）

翻訳者。慶應義塾大学卒業。ロンドン大学ゴールドスミス・カレッジ大学院修士課程修了。映画会社での国際業務や単行本の編集業務、「インターナショナル・ヘラルド・トリビューン／朝日新聞」文化欄記者を経て独立。英語による日本文化の情報発信などにも携わる。訳書に『「ひらめき」を生む技術』（角川EPUB選書）ほか多数。

「お金」と「すごい成果」の法則

億万長者に学ぶ不安を減らして資産を増やす大切な教え

2024年12月6日　1版1刷

著　者　ブライアン・トレーシー
訳　者　狩野綾子
発行者　中川ヒロミ
発　行　株式会社日経BP
　　　　日本経済新聞出版
発　売　株式会社日経BPマーケティング
　　　　〒105-8308 東京都港区虎ノ門4-3-12

ブックデザイン　杉山健太郎
カバーイラスト　江夏潤一
組　版　株式会社キャップス
印刷・製本　三松堂印刷株式会社

ISBN978-4-296-12134-2

本書籍に関するお問い合わせ、ご連絡は下記にて承ります。
https://nkbp.jp/booksQA　Printed in Japan